見方 考え方 を育てる 中学地理 授業モデル

近藤裕幸 編著

明治図書

はじめに

　本書は，平成29年版学習指導要領で重視されている「見方・考え方」を中心にすえて授業を作るためにはどうしたらよいかを手助けするために執筆されました。

　新学習指導要領では道徳教育やプログラミング教育，外国語教育などにスポットがあたっていますが，この「見方・考え方」は結構重要なものであるにもかかわらず，いまひとつ浸透していないのではないかと思います。実際，「見方・考え方」についてピンとこないという先生方の声を聞きます。「これからは『見方・考え方』を意識して教えてください」といわれても，「今更何をいっているのか」と思ってしまうからではないでしょうか。

　私の場合，中学校１年生の社会科を教えた時にこんなことがありました。

　子ども「先生，歴史は何のために勉強するのですか？」，私「歴史は繰り返すものだから，同じ失敗を繰り返さないために勉強するんだよ」，子ども「歴史を勉強するのは，失敗を繰り返さないためだけなんですか？」，私「うーん，それ以外にもあると思うけど……」のように，詰まってしまった経験があります。その時の私には，地理・歴史・公民を学ぶことの本質がわかっていなかったのです。本質は，教科を学ぶことの意義といってもよいでしょう。それが単なる知識になっていて，腑に落ちていなかったのだと思います。もっと深いところで，地理・歴史・公民を理解して，子どもたちに授業をしなければならなかったのです。それにもかかわらず，地理なら工業地帯を暗記させるばかりで，「どうしてその工業地帯特有の特徴があるのか」「どうしてその工業地帯は海沿いではなく，内陸にあるのか」といったことを考えさせてこなかったのです。この「どのように広がっているのか」「なぜそこにあるのか」が「（地理的な）見方・考え方」というものです。「広がっている」「そこにある」，これらはいずれも空間に関することで，地理が空間を扱っているという本質を表しているといえるでしょう。

　この「見方・考え方」は先ほど本質といいましたが，本質とは５年や10年で使えなくなるものではなく，子どもたちが大きくなってからも使えるものであることが期待されています。その「見方・考え方」をもって，子どもたちは社会へ出て行き，その考えを使って，課題を解決してもらいたい，そういう願いが込められているのです。

　先生方も長年プロとして地理や歴史や公民を教えてきたのでしょうが，もしかしたら「知っているつもり」になっているかもしれないのです。地理とは何か？　歴史とは何か？　公民とは何か？　を振り返ってみることが必要ではないでしょうか。今一度，親学問である地理学・史学・政治学・経済学・社会学・倫理学・哲学などに立ち戻る必要があるかもしれません。でも，それでは先生方は大変でしょうから，本書で，地理的な見方・考え方とは何かを理解してもらい，それを意図的に用いることができる単元案や授業案を提案したいと思っています。

近藤　裕幸

本書の使い方

　本書は，大きく「第1章　中学地理『見方・考え方』を育てる授業デザイン」と「第2章『見方・考え方』を育てる中学地理授業モデル」に分かれています。第1章は，本書の核となる「見方・考え方」について解説しています。第2章は具体的な単元案や授業案を提案しています。

　第1章を読んだあと，第2章を読むことになりますが，第2章をどのように読むのかを以下で説明します。まず，「学習指導要領での位置付け」で，平成29年版学習指導要領（以下，本項内，学習指導要領）が規定する身につけるべき知識や身につけるべき思考力，判断力，表現力等を確認します。その後「単元案・授業案((1)単元案)」では単元全体の目標や，各時間で取り上げる課題を提案し，それを解決するためにどのような「見方・考え方（地理的見方・考え方）」を使うのかを示します。ここが本書において大切な場所になります。「この時間はこの『見方・考え方』を意識して行いましょう」という提案です。ただ，単元一つ一つの中には，いろいろな見方・考え方が複数入っていますので，あくまでも中心となる「見方・考え方」ということに注意してください。そうしないと逆に，指定された見方・考え方にとらわれてしまって，授業作りが硬直してしまいます。そうではなく，「主なもの」として捉えてください。

　最後に，「単元案・授業案((2)授業案)」で，単元の中から一つ選んで授業を例示します。これによって授業の具体的なイメージを描いてほしいと思います。ここも，1時間の授業の中でいろいろな見方・考え方がありますから，柔軟に授業を考えてみてください。

学習指導要領での位置付け	単元案・授業案	
	(1)単元案	(2)授業案
・身につけるべき知識 ・身につけるべき思考力，判断力，表現力等	・単元の目標 ・課題をどのような「見方・考え方」で考えさせるのか	・本時の目標 ・授業展開例

　もう少し具体的に述べてみましょうか。

　例えば，大項目「A　世界と日本の地域構成」の小項目「①世界の地域構成」の場合，以下のようになります。

　はじめに，「学習指導要領での位置付け」を最初に読みます。そこで，「(ｱ)　緯度と経度，大陸と海洋の分布，主な国々の名称と位置などを基に，世界の地域構成を大観し理解すること」という知識の面，「(ｱ)　世界の地域構成の特色を，大陸と海洋の分布や主な国の位置，緯度や

経度などに着目して多面的・多角的に考察し，表現すること」といった思考力，判断力，表現力等について確認します。解説や内容の取扱いに具体的なことが書かれていますので，「補足」として，学習指導要領の中に組み込むようにしました。そうすれば，いちいちいろいろなところを探さずに済みます（文章は紙幅の都合で多少要約しているところもあります）。

次は，「単元案・授業案」です。ここにはそれぞれの授業での課題があり，それを解くためには「地理的見方・考え方」のどれを用いるのかを示します。この見方・考え方を意識して授業をすることが学習指導要領にとっての肝で，大切なところです。本書では3観点から，最終的に身につける「知識・技能」「思考・判断・表現」もあげました。これにより子どもが到達すべきレベルを具体的にします。もちろん，授業によって「知識・技能」だけのところもあると思います（表上は空欄）。学習指導要領にも書いてありますが，単元全体を通して「知識・技能」「思考・判断・表現」を身につけさせればいいのです。

ただ，学習指導要領には「主体的に学習に取り組む態度」については具体的に触れられていません。「知識・技能」「思考・判断・表現」を身につける活動を通して，最終的に獲得するものとして本書では位置付けました。つまり，適切な「知識・技能」「思考・判断・表現」を身につける活動をつづければ，「主体的に学習に取り組む態度」が身につく，言い換えれば，「主体的に学習に取り組む態度」が単元の最後に身につくように単元全体を組み立てました。もちろん，その他にも，「新たに知ってみたいことは何ですか（調べてみたいことは何ですか）」といった学びに向かう力を見たり，「今回学んだことはどのような時に役立ちますか」といったように，生活で学んだことをどう活かすかという力を見たりできるようにもしました。以下に，単元案・授業案の一部を載せましょう。

✱ 単元案（例：世界の地域構成）

授業タイトル／課題	主に働かせたい見方・考え方	身につけることの例	
		知識・技能	思考・判断・表現
1　地球全体を見よう〔課題〕世界の地理を学ぶうえで基本となる大陸や海洋について学ぼう	位置・分布「五大陸はどこにあるのか」「三大洋はどこに分布しているのだろうか」「州の名前や位置を確認しよう」「大陸と海洋の分布の広さを北半球や南半球の視点から見たらどのようになっているだろう」	5大陸名・3海洋名・州名がいえる	いろいろな視点から見た大陸の様子を予想できる（少し高度）

5　地球儀と平面地図 〔課題〕　平面地図は，どうして方角や面積を正しく表現できないのだろうか	位置・分布 「地球儀と地図帳を比べると，どうして位置や方角に違いが出てしまうのだろうか」		地球儀と平面地図のそれぞれの利点，欠点を基に説明できる

【主体的に学習に取り組む態度】　以下のことを子どもに問い，振り返りをさせる
・「何を学びましたか（知識）」→（例）緯度・経度・大陸名・海洋名
・「何ができるようになりましたか（技能）」→（例）世界地図の略地図が描けるようになった
・「どのような概念をつかみましたか」→（例）平面地図と地球儀にはそれぞれよいところがあるので，それをうまく使いこなすことが大切である
・「新たに知ってみたいことは何ですか（調べてみたいことは何ですか）」→（例）地図にはいろいろな種類があると聞いたので，調べてみたい
・「今回学んだことはどのような時に役立ちますか」→（例）地球儀で考えると最短距離がわかるので，それを基にしてアメリカやヨーロッパの位置を考えられるようになるだろうと思う

＊　『授業案』について

　ここでは，単元案の中から，一つの授業を例示します。
　本時の目標と展開例を例示します。例えば，「地球儀と平面地図」（「世界の地域構成」5時間目）を例にします。

		子どもの活動	指導上の留意点
導入 10分	課題把握	①オーストラリア大陸（または南米大陸）とグリーンランド島の大きさを平面地図で比較する ②日本の東と西を予想させる 　→間違いに気付く	①メルカトル図法の地図を使う ②メルカトル図法の地図を使う 　子どもの誤りを指摘し，導入にする 　（ではどうしたらわかるのだろう）
		〔学習課題〕　平面地図は，どうして方角や面積を正しく表現できないのだろうか	
		③（子どもの予想）地球儀と地図帳を並べて考えてみればわかる	③どうやって調べたらいいだろうか

　また，単元または1時間の授業では，以下のように進めることを原則にしました。みなさんもこれまで行ってきた，「課題把握→課題追究→課題解決」といった，これまでと変わらない流れです。これは単元全体の時もあれば，もちろん1時間の授業の場合もあります。

課題解決のところが今回，特徴的だと思われます。具体的にいうと，これまでも授業の終わりに「まとめ」はありましたが，自分たちで何ができるようになったのか，そして応用が利く概念は何か，これはどのような時に使えるのか，これからもっと学んでみたいことは何か，を考えさせるような流れになっています。これはそのまま「学びに向かう力，人間性等」につながります。

　このように本書では，「学習指導要領での位置付け（項目により略）」→「単元案・授業案（(1)単元案）」→「単元案・授業案（(2)授業案）」といった流れが1サイクルになっています。各時間の授業案すべてを例示できないのは申し訳ないのですが，単元案で示した「見方・考え方」を活かして，読者のみなさんが授業を作ってくださることを期待しています。

　最後になりますが，本書の特別な点は，教科書もできていないうちに，「見方・考え方」を活かした授業とはこうあるべきだということを示そうとしているところにあります。これは大変大それたことといえるかもしれませんが，来たるべき時の前にこの伝わりにくい「見方・考え方」を少しでも理解しておくことは一定の意味があると信じています。

　しかしながら，執筆者一同至らぬ点が多々あると思います。ご指導ご鞭撻をいただければ幸いです。それが社会科学習をよくすることにつながることになると信じています。

執筆者一同

contents

はじめに 003
本書の使い方 004

第1章 中学地理 「見方・考え方」を育てる授業デザイン

◆ 「地理的な見方・考え方」の基本 012
  1 「地理的な見方・考え方」の位置付け 012
  2 「地理的な見方・考え方」とは何か 013
  3 地理的分野の主な変更点 018

第2章 「見方・考え方」を育てる中学地理授業モデル

❶ A 世界と日本の地域構成 022
  ──地理学習のスタート地点で身につけておく知識や技能は何か
    ①世界の地域構成 023
    ②日本の地域構成 028

❷ B 世界の様々な地域 032
  (1) 世界各地の人々の生活と環境
    ──世界各地の人々は様々な環境でどのように生活しているのだろう 032
  (2) 世界の諸地域 038
    ①アジア──日本にアジア製品・食品が多いのはなぜだろう 038
    ②ヨーロッパ──日本がもし周辺諸国と地域統合したらどうなるか 044
    ③アフリカ
      ──アフリカは資源や農産物が豊富なのに，なぜ生活に苦しむ人が多いのか 048
    ④北アメリカ
      ──日本と北アメリカの社会の違いから，異文化共生社会について考える 052
    ⑤南アメリカ
      ──アマゾンの熱帯林を保護するために，私たちの生活を変えるべき？ 056
    ⑥オセアニア──オセアニアとアジアの関係はどうなっていくのだろう 062

③ C　日本の様々な地域 ……………………………………………………………… 066
　(1)　地域調査の手法
　　　——地理的な技能を身につける地域調査 ………………………………………… 066
　(2)　日本の地域的特色と地域区分 ……………………………………………………… 074
　　①自然環境——世界から見た日本の気候や地形の特色は何か ……………………… 074
　　②人口——日本が抱える人口問題は何か …………………………………………… 078
　　③資源・エネルギーと産業——日本の資源・エネルギーと産業の特色は何か …… 082
　　④交通・通信——世界から見た日本の交通・通信の特色は何か ………………… 088
　(3)　日本の諸地域 …………………………………………………………………… 092
　　①北海道地方——自然環境を中核とした考察の仕方 ……………………………… 092
　　②東北地方——産業を中核とした考察の仕方 …………………………………… 096
　　③関東地方——交通や通信を中核とした考察の仕方 ……………………………… 100
　　④中部地方——産業を中核とした考察の仕方 …………………………………… 104
　　⑤近畿地方——その他の事象を中核とした考察の仕方 ……………………………… 110
　　⑥中国・四国地方——人口や都市・村落を中核とした考察の仕方 ………………… 114
　　⑦九州地方——環境保全を中核とした考察の仕方 ………………………………… 120
　(4)　地域の在り方 …………………………………………………………………… 124
　　——地域的特色や地域の課題と関連付けて考察する地域の在り方

おわりに　131

中学地理
「見方・考え方」を育てる
授業デザイン

「地理的な見方・考え方」の基本

1 「地理的な見方・考え方」の位置付け

　平成29年版学習指導要領では，資質・能力である「知識及び技能」「思考力，判断力，表現力等」「学びに向かう力，人間性等」を身につけるために「地理的な見方・考え方」が求められています。

　「見方・考え方」を使って，課題を追究して解決し，その結果，資質・能力を育成するのです。以下のようになります。

> 見方・考え方を使って→課題を追究したり解決したりする活動を通して→公民的資質・能力の基礎を育成する

　ただ資質・能力を育成すればいいのではなく，見方・考え方を使うことが求められているのです。これらの見方・考え方を，いわば地理学習のツールにして（いろいろな包丁），課題を追究したり，解決したりする活動をするのです（調理）。そして，最終的に資質・能力を育成することをめざします（いろいろな料理ができること）。

　では，この「地理的な見方・考え方」とはどのようなものなのでしょうか。「地理っぽくやればいい」という感じがしますが，「地理っぽい」とは，どういうことなのでしょうか。この「地理っぽい」ということは意外とあいまいなものですから，それをはっきりさせておこうと思います。

　実は，地理的分野ではすでに学習指導要領の平成20年改訂において，「地理的な見方や考え方」について整理されていました。それが以下の文章です（平成20年版中学校学習指導要領解説　社会編より部分引用。この時点では「見方や考え方」といっていましたが，後に「見方・考え方」となります）。

> 「地理的な見方」の基本
> 　どこに，どのようなものが，どのように広がっているのか，諸事象を位置や空間的な広がりとのかかわりでとらえ，地理的事象として見いだすこと。また，そうした地理的諸事象にはどのような空間的な規則性や傾向性がみられるのか，地理的事象を距離や空間的な配置に留意してとらえること。
>
> 「地理的な考え方」の基本
> 　そうした地理的事象がなぜそこでそのようにみられるのか，また，なぜそのように分布したり移り変わったりするのか，地理的事象やその空間的な配置，秩序などを成り立たせ

> ている背景や要因を，地域という枠組みの中で，地域の環境条件や他地域との結び付きなどと人間の営みとのかかわりに着目して追究し，とらえること。

　つまり，見方とは，「どのように位置しているのか，分布しているのかといったことをおさえること」であり，考え方とは「その位置や分布がどのような理由でそのようになっているのかを考えること」といえます。空間的に把握（位置・分布・距離などの視点から把握）することが「見方」，その理由を追究することが「考え方」といってもよいでしょう。

　例えば，身近な地域の学習を例にあげると，「位置・地形・土地利用・分布」を調べるのが「見方」であり，「どのような場所にあるのか」「どのように広がっているのか」などの形をとります。それが「考え方」となると，「それらはどうしてこの場所に集まっているのだろう」という問いの形をとります。

　そして，その課題を解決した時に，子どもたちが「知識」（例えば，大きな工場ができると周りに関連工場ができたり，住宅ができたりして，企業城下町ができあがる）や「思考力，判断力，表現力等」などを獲得するようにしていくのです。

　この見方を他分野のそれと比較してみると，地理の見方が明確になります。地理の場合は「地理的（位置や空間的な広がり）」，歴史の場合は「歴史的（時期や時間の経過）」，公民の場合は「社会的（事象や人々の相互関係）」となります。三分野の特徴が出ていると思います。

2 「地理的な見方・考え方」とは何か

　地理的分野の場合，「見方・考え方」は平成29年版学習指導要領中には，「位置や分布などに着目して」「人間と自然環境との相互依存関係などに着目して」「空間的相互依存作用や地域などに着目して」「場所などに着目して」「地域などに着目して」などのように「着目して」という形で出てきます。

　この5つの見方・考え方は，国際地理学連合（IGU）の地理教育委員会（CGE）が公表した地理教育国際憲章（1992）の地理学の5大概念に基づいています。1992年……，ちょっと古い気もしますが，今回はこれを参考にして作ったということのようです。

　先ほどは，見方とは「どのように位置しているのか，分布しているのかといったことをおさえること」であり，考え方とは「その位置や分布がどのような理由でそのようになっているのかを考えること」だったのですが，少し複雑になっています。

　これらを使って，課題を追究したり解決したりする活動を通して，公民的資質・能力の基礎を育成することになります。これら5つを見てみると，「位置と場所が似ているなあ」「『地域』って何だろう」と疑問が湧いてきます。では，一つずつ見ていきましょう。

(1) 位置や分布

　位置（それはどこにあるのだろう），分布（それはどのように広がっているのだろう）は地理教育の基本中の基本の「見方・考え方」です。これを深い学びにするためには「どうしてそこにあるのだろうか（位置）」「どうしてそのように広がっているのだろうか（分布）」というような形になります。整理すると以下のようになります。

	わかりやすくいうと…… （見方）	答えの例	深い学びにするために （考え方）
位置	・それはどこにあるのだろう	・A国は北緯35度・東経135度にある（絶対的位置） ・B国はC国の隣にある（相対的位置）	・どうしてそこにあるのだろうか ・どうしてそのような位置の規則性や傾向を示すのだろうか
分布	・それはどのように広がっているのだろう	・市全体の犯罪発生率と比べて40ポイントも高いA地区（80％の発生率）が広がっている（絶対的分布） ・市全体を見ると東部の方が西部よりも貧しい地区が多い（相対的分布）	・どうしてそのような分布になったのだろうか ・どうしてそのような分布の規則性や傾向が見られるのだろうか
【参考】　絶対的・相対的がわかりにくい人のために…… 　前後左右といった「方向」は，人がどちらを向いているかによって変わってきます。つまり，基準があいまいなものです。これを相対的といいます。しかし，東西南北といった「方角」はいつ誰が調べても方位磁針が東西南北をはっきり示してくれます。基準がはっきりしているものです。これが絶対的です			

(2) 場所

　「位置や分布」と区別しにくいですね。まず，「場所」という見方について説明しましょう。
　同じ空間であっても，そこに住む人がどのようにしたいかによって，その土地の風景は変わってくるものです。例えば，水はけがよい土地AとBがあっても，Aに住む人はそこで畑作を行い，Bに住む人は灌漑設備を設けて水田をなんとか作ろうとするかもしれません。その結果，Aは畑作が広がる「場所」になり，Bは水田が広がる「場所」となります。
　誤解を恐れずにいえば，「場所」とは，自然と人文現象（人の行為）が結びついた結果できあがった土地の様子といった方がわかりやすいかもしれません。
　では，先に出てきた「位置や分布」とは何が違うのでしょうか。「位置や分布」は「空間的」なものであり，どちらかというと，抽象的・一般的・客観的であるのに対して，「場所」は具体的・個別的・主観的であるといえます（このことについては，地理学界でも意見が分かれるところですが，子細は省略します）。わかりやすくいえば，「場所」とは，「かけがえのないと

ころ」といえばよいでしょうか。そういう意味では，この「場所」はその場所の自然的・社会的特性といういい方もできます。

まだ納得できない人のために愛知県刈谷市を例にあげます。「空間（位置や分布）的」に説明すると以下のようになります。「刈谷市は，愛知県全体のほぼ中央にあり，西三河地方にある市で，境川を挟んで尾張地方と接しています。人口約15万人（2018年），面積約50㎢，トヨタ自動車発祥の地であり，日本有数の自動車工業都市です」となります。

これが，「場所的」な説明になると，「私にとって刈谷市は住んで8年目になる都市であり，市の北部には洲原池があり，そこは私が散策し，健康作りをする場でもあります。これまで住んでいた東京とは違い，実に心がなごむ土地（場所）です」となります。ただ数字や客観的な数字が並んでいるのではなく，人間（ここでは私）との関わりで捉えており，単なる空間（位置・分布）ではなく「場所」といえるでしょう。どこにでもあるというのではなく，「かけがえのなさ」がポイントといえます。

	わかりやすくいうと…… （見方）	答えの例	深い学びにするために （考え方）
場所	・それはどのようなところ（場所）なのだろう（そこの地域的な特色はどのようなことだろうか）	・木曽川・長良川・揖斐川の河口部は，洪水が多いところで，人々が周囲を堤防で囲み耕地や村を守ってきた地域である（輪中）	・その場所に見られる特徴は一般的なものなのか，特殊なものなのか（洪水が起きるところはどこでも輪中を作るのか。他に対策はないのか）

(3) 人間と自然環境との相互依存関係

平成29年版学習指導要領解説社会編には，「人間と自然環境との相互依存関係」を考えることは「人間と自然環境との関係について考える出発点となり，地域的特色を理解したり，地域の環境開発や環境保全を考えたりする際の重要な基礎となる」とあります。つまり，この「人間と自然の相互依存関係」を通して，そこがどのような特徴をもっているのかを究明します。

つまり，その土地の特徴を表現せよといわれた場合，「切り干し大根が有名なところです」とだけ説明するのではなく「冬の風が冷たく強く吹きつける地域なので，収穫した大根を干して切り干し大根を作ることができます」というように根拠をあげるのです。これは地理のもっとも地理らしい見方・考え方といえます。もちろんここには自然から人間への影響，そして人間から自然への影響という両面があることを忘れないようにして指導することが求められます。

	わかりやすくいうと…… （見方）	答えの例	深い学びにするために （考え方）
人間と自然環境との相互依存関係	・そこでの生活は周りの自然環境からどのような影響を受けているのだろうか ・そこでの生活は周りの自然環境にどのような影響を与えているのだろう ・環境からどのような影響を受けてきたのか，環境をどのように変えてきたのか	・日本人は多くの災害にみまわれながらも，様々な工夫をして，生きてきた	・これからどのように自然に働きかけていくのか（環境の改変や保全はどうあるべきか）

（4） 空間的相互依存作用

　空間的相互依存作用とは，「地域間の結びつき，つまり貿易・交通などについて考えること」といえます。現代において，他のどことも関係せずにやっていくことなど無理な話です。相互にどのようにつながっているかを見るのが，この「空間的相互依存作用」です。

　これはどのようにつながっているかを見るだけではなく，今後の地域の開発や地域間の関係改善への課題を見出して地域の将来像を構想することにもつながる，発展的な問いもできる見方といえます。

	わかりやすくいうと…… （見方）	答えの例	深い学びにするために （考え方）
空間的相互依存作用	・そこは，そこ以外の場所とどのような関係をもっている，つながっているのだろうか（貿易・交通など）	・名古屋市は近畿や関東の間にあって，どのような交通機関によって結ばれているのだろうか。主な交通手段は何だろうか	・なぜそのような結びつきをしているのだろうか ・今後はどのような貿易関係が好ましいだろうか

（5） 地域

　「地域」は意外と理解しにくい見方・考え方ではないでしょうか。「位置や分布」「場所」とどう違うのでしょうか。地理が得意な人はこのことでまったく悩まないかもしれませんが，そうでない場合，非常にわかりにくいところですね。

　ここまで，「位置や分布」では「そこがどのようなところにあって，それはどのように分布しているのか」を捉え，「場所」では「そこの特殊性」を捉え，「人間と自然環境との相互依存

関係」では人と自然の関係を捉え,「空間的相互依存作用」では,AというところとBというところがどのようにつながっているのかを捉えてきました。これらが地理の見方・考え方であるとしてきたわけです。なんとなくここまではわかります。そして最後に,この「地域」です。これら4つでもう充分ではないかと思えてきます。

　では,平成29年版学習指導要領解説社会編を見てみましょう。以下のようにあります。「なぜここ(地域)はそのようになったのか」という問いをすることで,「この地域が分布パターンからどのような一般的共通性があり,場所の特徴から地方的特殊性をもっていて,人々の生活が自然環境とどのように関わっているのか,他地域とどのように結びつき,どのように変容しながら現在の地域が形成されたのかを考察することができる」とあります(一部わかりにくい表現はわかりやすく書き直しました)。このことから「地域」とは,これまで見てきた「位置や分布」「場所」「人間と自然環境との相互依存関係」「空間的相互依存作用」を総合して,そこの特徴を捉える見方ということもできます。

　大胆にいってしまうと,「ここは……という特徴を有しているところ(地域)である」と,これまでの4つの見方・考え方を通して,単元の最後に子どもたちが表現できることであるといった方がわかりやすいでしょう。

　ただ,ややこしいのは,平成29年版学習指導要領解説社会編にありますが「地域は,空間的にも時間的にも躍動的なものである。地域は,研究のための,あるいは変貌をとげる環境としての基礎単位として取り扱うことができる。地理学者は,地域をいろいろと異なった規模,つまり地域社会,国家,大陸,地球規模で研究の対象とする」というところです。

　地域は躍動的なもの,つまり固定されたものではないのです。関東地方,北海道地方といった従来からある地方区分や,アメリカ合衆国やフランスといった国単位だけでその特徴を捉えないこともあるといっているのです。地理学者がやっているから,学校でもやらなければならないということはないのですが,そのように柔軟に地域を捉えていく,つまり市町村単位で捉えるのか,国単位なのか,州単位なのか,いろいろあってよいということなのです。

　例えば,年間降雪量がとても多い地域を豪雪地域(地帯)と呼んだり,工業が盛んな地域を○○工業地帯と呼んだりしていますが,これには都市をまたいでいるものもあります。社会科ではそういう教え方を既にしてきていますので,みなさんもなじみのある考え方だと思います。

　地域を捉える,地域性を捉える時には,こういった現象が広がって(分布)いて,ひとまとまりになっているのです。それは他の地域には見られないものであり,この地域特有のオリジナリティである(場所)といえます。自然の恵みを利用して多くの産物が作られ(人間と自然環境との相互依存関係),ここで作られたものは高速道路を使って各地へと運ばれている(空間的相互依存作用)……。ここはそのようなところ,地域性をもっているんだな,という流れで「地域」を捉えればいいのではないでしょうか。市や国といった枠内にとどまらず,そうではないやりかたもあるのだということです(新たに地方・地帯を発見することができます)。

	わかりやすくいうと…… （見方）	答えの例	深い学びにするために （考え方）
地域	・その地域はどのような特徴があるのだろうか（地域性を捉える）	・A県は農業生産において指折りの存在であり，米生産を中心としている点では全国の農業と共通性を有しているが，設備投資を行うことによって，近県では作ることができない農産物も生産しているという地域的特殊性ももっている	・どのような地域にしていくべきだろうか ・この地域を別の視点から見たらどのような地域となるだろうか

　これまで「地理的な見方・考え方」について長々と説明してきました。以下では，他の改訂点についても言及しておきます。

3　地理的分野の主な変更点

　平成29年の学習指導要領改訂では，中学校社会科の地理的分野でどのような変更が見られたのでしょうか。まず「見方・考え方」以外について確認しておきましょう。

(1) 時間数と内容

　時間数を見ると地理的分野の配当時間は少なくなくなりました。社会科全体の時数に変更はない（学校教育法施行規則）ものの，地理的分野は115単位時間（5単位時間減），歴史的分野は135単位時間（5単位時間増），公民的分野は100単位時間（増減なし）となっています。地理の時間は減らされてしまいました。

　内容面ではどのようなことが変更されたのでしょうか。簡単に列挙しておきます。

・項目Aでは，これまで世界と日本に分かれていた地域構成の内容が統合されました。
・従来の「(1)-エ　世界の様々な地域の調査」と「(2)-エ　身近な地域の調査」が項目Cで統合され，「(1)　地域調査の手法」と「(4)　地域の在り方」の項目に再編されました。
・「我が国の領域をめぐる問題」として，「内容の取扱い」に，従来の「北方領土」に加えて「竹島」について明記され，また「尖閣諸島」については「領土問題は存在しないことも扱う」と記載されています。なお，歴史・公民でも「内容の取扱い」に「北方領土」「竹島」「尖閣諸島」について具体的に明記されました。
・項目Cの「(3)　日本の諸地域」における考察の仕方が，「自然環境」「人口や都市・村落」「産業」「交通や通信」「その他の事象」を中核としたものの5つに再編されました。「その他の事象」は適切なものを適宜設定し，それ以外のものも，少なくとも一度は取り扱うことと

されています。

(2) 地理的分野の目標

では，地理的分野ではどのようなことが求められているのでしょうか。

平成29年版学習指導要領には，教科の目標（社会科全体の目標）があり，その後にそれぞれの分野の目標及び内容が書かれています。

> 社会的事象の地理的な見方・考え方を働かせ，課題を追究したり解決したりする活動を通して，広い視野に立ち，グローバル化する国際社会に主体的に生きる平和で民主的な国家及び社会の形成者に必要な公民としての資質・能力の基礎を次のとおり育成することを目指す。

次に，この大きな目標をうけて，身につけるべき資質・能力が出てきます。資質・能力とは「知識及び技能」「思考力，判断力，表現力等」「学びに向かう力，人間性等」のことです。

「知識及び技能」

> 我が国の国土及び世界の諸地域に関して，地域の諸事象や地域的特色を理解するとともに，調査や諸資料から地理に関する様々な情報を効果的に調べまとめる技能を身に付けるようにする。

「思考力，判断力，表現力等」

> 地理に関わる事象の意味や意義，特色や相互の関連を，位置や分布，場所，人間と自然環境との相互依存関係，空間的相互依存作用，地域などに着目して，多面的・多角的に考察したり，地理的な課題の解決に向けて公正に選択・判断したりする力，思考・判断したことを説明したり，それらを基に議論したりする力を養う。

「学びに向かう力，人間性等」

> 日本や世界の地域に関わる諸事象について，よりよい社会の実現を視野にそこで見られる課題を主体的に追究，解決しようとする態度を養うとともに，多面的・多角的な考察や深い理解を通して涵養される我が国の国土に対する愛情，世界の諸地域の多様な生活文化を尊重しようとすることの大切さについての自覚などを深める。

さらに，目標から「内容」の説明へと向かいます。ただし，地理的分野の「内容」には，3つ目の「学びに向かう力，人間性等」は書かれていません。恐らくは，「知識及び技能」と「思考力，判断力，表現力等」の2つの「内容」に関わることを学んだうえで，「学びに向かう力，人間性等」を身につけていくということでしょう。「学びに向かう力，人間性等」は具体的な内容ではないのかもしれません。

　このように地理的分野は「見方・考え方」を生かして課題を追究し，資質・能力を身につけることになったのです。資質・能力を身につければよいというわけではなく，「見方・考え方」を通して学ぶことが求められているのです。これによって「深い学び」へとつながっていくのだといえるでしょう。

　「主体的・対話的で深い学び」，いわゆるアクティブラーニングがありますが，これは，見方・考え方を生かした資質・能力の育成の手段にすぎません。グループワークやジグソー法，ディベートといった目につきやすいものが授業の中心であってはいけないのです。地味ではありますが，「見方・考え方」を活かすことこそが，授業を新しく変えていくことになると思われます。

（近藤　裕幸）

第2章

「見方・考え方」を育てる中学地理授業モデル

1　A　世界と日本の地域構成

地域構成（計10時間）

地理学習のスタート地点で身につけておく知識や技能は何か

1　学習指導要領での位置付け

　大項目「A　世界と日本の地域構成」は，「地理的分野の学習の導入」として位置付けられ，位置や分布などに関わる視点に着目して，地域構成の特色を多面的・多角的に考察し，表現する力を育成することを主なねらいとしています。これがさらに，中項目「(1)　地域構成」となり，さらに小項目「①世界の地域構成」と小項目「②日本の地域構成」に分けられています。本大項目で身につけるべき知識や，思考力，判断力，表現力等は，平成29年版学習指導要領では以下のようになっています（下線部は平成29年版学習指導要領から引用，「補足」は，解説や内容の取扱いから引用し要約しています）。

ア　次のような知識を身に付けること。
　(ｱ)　緯度と経度，大陸と海洋の分布，主な国々の名称と位置などを基に，世界の地域構成を大観し理解すること。（補足：目安としては，世界の$\frac{1}{4}$～$\frac{1}{3}$程度の国々の名称と位置を身に付ける）
　(ｲ)　我が国の国土の位置（補足：緯度と経度を使って同緯度，同経度の国々に着目するなどして国土の絶対的位置（数理的位置）を捉えることの他に，様々な相対的位置（関係的位置）を取り上げることを意味している。または日本をユーラシア大陸の東に位置するというように隣接する大陸や海洋，近隣の国々との位置関係によって捉えたりする），世界各地との時差，領域の範囲や変化とその特色（補足：我が国の領土は離島を含む大小多数の島々からなり，それらは弧状に連なっていることや，他の国々と国土面積で比較したり，領海や排他的経済水域を含めた面積で比較）などを基に，日本の地域構成を大観し理解すること。

イ　次のような思考力，判断力，表現力等を身に付けること。
　(ｱ)　世界の地域構成の特色を，大陸と海洋の分布や主な国の位置，緯度や経度などに着目して多面的・多角的に考察し，表現すること。（補足：大陸と海洋の分布を地球儀と世界地図上で比較することで，その違いを考察したり，地球儀の日本の位置に十字に貼ったテープをあて，東西方向へすすむとどこの国に到達するかを調べて，世界の主な国が日本とど

のような位置関係にあるかを考察したりするなどの活動を通して，地球儀で地球上の位置関係や陸地面積，形状を正しく捉える学習をする。また，日本の対蹠点（地球上の正反対の地点）を探す活動を通して，緯度や経度の仕組みや性質について考察することなどが考えられる）

(イ) <u>日本の地域構成の特色を，周辺の海洋の広がりや国土を構成する島々の位置などに着目して多面的・多角的に考察し，表現すること。</u>（補足：我が国の国土は多数の島々からなり，広大な広がりを有する海洋国家としての特色をもっていることなどを考察できるように，日本の略地図に国土の東西南北端などの島々を描き加えたり，他の国々と領海や排他的経済水域を含めた面積で比較したりする）

2 単元案・授業案

(1) 「世界の地域構成」（計5時間）

①単元案

【本単元の目標】 緯度や経度といった地理を学ぶうえで基礎となる知識や技能を学び，地球儀と地図帳を対比させることで，地図帳と地球儀にはそれぞれ適した使い方があることを理解する。

本大項目については，次頁のような単元案を考えました。これまでは世界の地域構成と日本の地域構成が離れて教えられていましたが，今回の改訂により，並列されることになりました。本単元案でも世界と日本の内容が並立されていますが，場合によっては，世界の地域構成で日本の位置について触れるなどしてもいいかもしれません。その方が世界と日本のことを関連させることができるからです。

最初ですから説明しておきますが，この単元案では，授業タイトル→課題の例→それを解く時の見方・考え方→その結果身につけることになる「知識・技能」「思考・判断・表現」を例示しました。学習指導要領には身につけるべきものとして「知識及び技能」「思考力，判断力，表現力等」が掲載されていますが，「学びに向かう力，人間性等」については言及されていません。しかし，本書では，「主体的に学習に取り組む態度」として，一つの例としてあげておきたいと思います。

授業タイトル／課題	主に働かせたい見方・考え方	身につけることの例	
		知識・技能	思考・判断・表現
1 地球全体を見よう〔課題〕世界の地理を学ぶうえで基本となる大陸や海洋について学ぼう	位置や分布「五大陸はどこにあるのか」「三大洋はどこに分布しているのだろうか」「州の名前や位置を確認しよう」「大陸と海洋の分布の広さを北半球や南半球の視点から見たらどのようになっているだろう」	5大陸名・3海洋名・州名がいえる	いろいろな視点から見た大陸の様子を予想できる（少し高度）
2 どのような国があるのだろう〔課題〕世界にはどのような国があるのだろうか	位置や分布「自分が知っている国はどこにあるのだろうか」「初めて聞く国はどのようなところに多いだろうか」	国の位置・国名（$\frac{1}{4}$～$\frac{1}{3}$を目安に覚える。50分だけで覚える訳ではない）	
3 地球上の住所〔課題〕日本の対蹠点（反対側）はどこだろう	位置や分布「日本の『住所』（緯度・経度）は？」「日本の反対側はどこか。どのように探せばいいか」	緯度・経度（緯線・経線）を使って，地球上の位置を示すことができる	日本の反対側の求め方を説明できる
4 略地図で表現してみよう〔課題〕世界地図を描く時のポイントはどんなことか	位置や分布「大陸と海洋の分布の特徴はどのようになっているのか」（赤道や本初子午線をうまく使って地図を描いてみよう）	略地図が描けるようになる	基準となる緯線・経線を考えながら，世界地図が描ける
5 地球儀と平面地図〔課題〕平面地図は，どうして方角や面積を正しく表現できないのだろうか	位置や分布「地球儀と地図帳（平面地図）を比べると，どうして位置や方角に違いが出てしまうのだろうか」		地球儀と平面地図のそれぞれの利点，欠点を根拠を基に説明できる

【主体的に学習に取り組む態度】 以下のことを子どもに問い，振り返りをさせる
・「何を学びましたか（知識）」→（例）緯度・経度・大陸名・海洋名
・「何ができるようになりましたか（技能）」→（例）世界地図の略地図が描けるようになった
・「どのような概念をつかみましたか」→（例）平面地図と地球儀にはそれぞれよいところがあるので，それをうまく使いこなすことが大切である
・「新たに知ってみたいことは何ですか（調べてみたいことは何ですか）」→（例）地図にはいろいろな種類があると聞いたので，調べてみたい
・「今回学んだことはどのような時に役立ちますか」→（例）地球儀で考えると最短距離がわかるので，それを基にしてアメリカやヨーロッパの位置を考えられるようになるだろうと思う

補足説明をします。この単元は，大陸名・海洋名・国の位置や国名・緯度や経度・対蹠点・略地図（世界）・地球儀と平面地図との長所や短所などについて学ぶところです。地理の一番基本となるところですが，どうしても抽象的になりやすいところでもあります。

　「1　地球全体を見よう」では，小学校は主に日本の地理が中心でしたが，中学校では新たに世界へと目が向けられます。そのスタートにあたる授業ですので，地球儀などを使って実物に親しませてから入った方がよいでしょう。大陸名や海洋名を無理に覚え込ませようとしたりしない方がいいです。ここでの見方・考え方は「位置や分布」が中心になります。どこに大陸や海洋が分布しているのか，大きさはどのようになっているのかを学ばせましょう。

　「2　どのような国があるのだろう」での見方・考え方は「位置や分布」になります。平成29年版学習指導要領解説社会編では$\frac{1}{4}$～$\frac{1}{3}$程度（50～120カ国）の国名と位置を覚えさせることと書かれています。しかし，この2時間目で「とにかく覚えなさい」というやり方では地理嫌いを増やす恐れがあります。ただ，若い頃は勢いで覚えられるということもありますので，判断は難しいですが，ゲーム感覚で覚えさせるのもいいかもしれません。この単元の時間内で上記に書いた国数を覚えさせるのではなく，一年かかってということですので，子どもの興味関心により沿いながら，覚えさせていくことが望ましいでしょう。

　「3　地球上の住所」での見方・考え方は「位置や分布」になります。地球上の位置は緯度・経度で表すことができます。小学校でも少しはやってきていますので，それを思い出させながら，授業をすすめていきましょう。

　「4　略地図で表現してみよう」での見方・考え方は「位置や分布」になります。基準となる本初子午線や赤道を踏まえたうえで世界地図を描けるようになることが大切です。ここで世界地図が描けるようになると，世界地理の学習はもとより，世界歴史の学習にも役立つことでしょう。赤道・本初子午線・経度180度の線を引き，その線の中に，どのように大陸があるのかを捉え，描き込んでいくのが早道だと思います。日本列島は大きさから考えて省略するべきかもしれませんが，やはり日本列島の位置は描き込んでおいたほうがいいでしょう。

　「5　地球儀と平面地図」での見方・考え方は「位置や分布」です。この単元の中心となるところです。これまでは恐らく平面地図（地図帳）を使って地球を捉えてきたと思いますが，ここで地球儀を用いることで，平面地図と地球儀，それぞれのよさを考えさせ，できるだけ地球儀に親しむ授業を展開できるといいです。

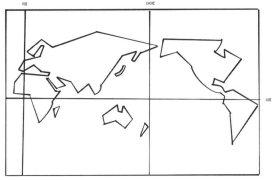

世界地図の略地図
（細かいところはそれほど気にすることはありません）

　この単元の見方・考え方は，地理学習のスタートということもあり，「位置や分布」が中心となります。どうしてこのような大陸の

位置になっているのかを考えさせる場合には，位置や分布だけではなく「空間的相互依存作用（大陸の形から大陸どうしの関係性などを手がかりに大陸移動について考えさせる授業が考えられる）」などの見方・考え方が必要になってくるでしょうが，中学生のレベルでは上記の流れで学んでみるのはいかがでしょうか。

②授業案：「地球儀と平面地図」（5時間目）

○第5時の目標（主な見方・考え方「位置や分布」）
- 地球儀と平面地図のそれぞれの利点，欠点を説明できる（知識及び技能）
- 地球上で東西南北の正しい位置関係を，地球儀を頭の中に思い描くことで，正しい方角を示したり，正しい面積を捉えたりすることができる（思考力，判断力，表現力等）

○授業展開例

		子どもの活動	指導上の留意点
導入 10分	課題把握	①オーストラリア大陸（または南米大陸）とグリーンランド島の大きさを平面地図で比較する ②日本の東と西を予想させる 　→間違いに気付く	①メルカトル図法の地図を使う ②メルカトル図法の地図を使う 子どもの誤りを指摘し，導入にする（ではどうしたらわかるのだろう）
		〔学習課題〕 平面地図は，どうして方角や面積を正しく表現できないのだろうか	
		③（子どもの予想）地球儀と地図帳を並べて考えてみればわかる	③どうやって調べたらいいだろうか
展開1 15分	課題追究	①地球儀を1グループ，1つ受け取る ②これについてはすぐに理解できる（平面地図と地球儀の違いを知る） ③子どもに予想させる（これは難しいかもしれない） ④十文字の紙テープを受け取り，それで東西南北がわかる→東は，ブラジルの方向，西はアフリカの方向であることがわかる	①では，地球儀を使ってみよう ②オーストラリア大陸（または南米大陸）とグリーンランド島の大きさをみせる ③では次の課題，日本の東と西を知るためにはどうしたらいいかわかるかな？ ④日本を中心とし，北と南を合わせ，東と西をいわせる
展開2	課題追究	①予想させる（丸いものを平面にする	①ではどうして平面の地図は正確では

15分		のだから……） ②みかんの皮をむいて，平らにする ③平らにするためには埋めなければいけないところがあり，それによって面積が広がってしまう ④方角についても理解する	ないのだろうか ②では，実際にみかんを地球にみたてて考えてみよう ③もうわかったかな？ ④北と南に直交する右が東，左が西であることを確認する
まとめ 10分	課題解決	①まとめ：「丸いものを平面にすると面積や方角が変わってしまうことがわかった」「平面地図はもち運びに便利」 ②概念：「目的に応じて使い分けることが大事」 ③使用目的：「世界旅行」など（地球儀で考えないと，距離感を間違える） ④「日本だけではなく，他の場所からの東西南北を知ってみたい」など	①「平面地図は，どうして方角や面積を正しく表現できないのだろうか」をきく ②それを一言でいうと？ ③今日学んだことはどのような時に使えるだろうか ④どんなことを今後知りたい？

　地球儀は面積や方位を正確に表していて，折に触れて使うことは重要なことです。しかし，これまで先人たちが平面の地図（正距方位図法，正積方位図法など）でもなんとか正確に伝えようとしてきた苦労についても，子どもたちには話しましょう。

(2) 「日本の地域構成」（計5時間）

①単元案

> 【本単元の目標】 日本が世界の中でどのような位置にあるのかを緯度や経度を用いて表現でき，時差の考えを使って他国との位置関係について説明できるようになる。緯度や経度といった地理を学ぶうえで基礎となる技能を学ばせつつ，地球儀と地図帳を対比させることで，地図帳が必ずしも正確に面積や方角を表していないことを説明できるように指導する。

授業タイトル／課題	主に働かせたい見方・考え方	身につけることの例	
		知識・技能	思考・判断・表現
1 日本の略地図と範囲（領土）〔課題①〕 日本の略地図を描く時のポイントはなのだろうか 〔課題②〕 日本の範囲はどこからどこまでか	位置や分布① 「日本の緯度はおおよそどれくらいなのか」「日本標準時子午線はどこか」 位置や分布② 「日本の端（東西南北）はどこにあるのか」「日本の領域（特に海洋）はどのように広がっているのか」	①日本の略地図が描けるようになる ②日本の領域を正しく理解している（東西南北端）	①基準となる緯線・経線を考えながら，日本地図が描ける ②日本は海洋国家としてどのような特徴をもっているのかを多面的・多角的に説明できる
2 世界の中の日本の位置 〔課題〕 日本は世界でどのような位置にあるのだろうか	位置や分布 「日本のある緯度（例：北緯35度）をたどっていくと，どのような国があるのだろうか」「地図帳でなく地球儀上で日本の位置を見てみよう」	国土の絶対的位置（数理的位置）を表現できる 相対的位置（関係的位置）を表現できる	ある国には日本からどのようにいけばいいのか考えることができる。他国から見て日本はどのような位置にあるのかがわかる
3 時差から見た日本の位置 〔課題〕 時差から日本を見てみよう	位置や分布 「時差を計算するうえで基準となる経度（東経135度）を確認し，経度によって時差が発生する」	日本標準時子午線（位置）と他国の経度の差から，時差をおおよそ計算できる	
4 地域区分と都道府県 〔課題〕 都道府県名	場所 「地名は，人々の思いを反映し，個性的なものである」	7つの地方名がいえる（北海道，東北，関東，中部，近畿，	地名について多面的・多角的に捉えることができる（どの

（＋県庁所在地）の由来は何だろうか	人間と自然環境との相互依存関係 「自然環境からどのような影響をうけているのだろうか」	中国・四国，九州）	ようなことでその名前がついているのか）
5　様々な地域区分 〔課題〕第4時以外の地域区分の分け方にはどんなものがあるのか	地域 「7つの地方名以外に新しい視点で地域区分ができるか。そこに共通する特徴は何だろうか（それが新たな地域性になる）」	様々な資料（餅の形，電圧）の分布を入手し，地域区分ができる	そのように地域区分をした理由を根拠をあげて説明できる
【主体的に学習に取り組む態度】　以下のことを子どもに問い，振り返りをさせる ・「何を学びましたか（知識）」→（例）日本の領土（最東端，最北端など）がいえるようになった ・「何ができるようになりましたか（技能）」→（例）日本地図が描けるようになった ・「どのような概念をつかみましたか（汎用的な概念）」→（例）日本の位置というのは緯度経度でも表せるが，国同士での位置関係でも表すことができる／地域区分は見方によって様々にでき，その地域性を捉えることが地理の大事な学習であることがわかった，等 ・「新たに知ってみたいことは何ですか（調べてみたいことは何ですか）」→（例）日本以外の領土の範囲について調べてみたい ・「今回学んだことはどのような時に使えると思いますか」→（例）時差は世界の中継番組の時に何時かがわかって便利だと思う			

　本単元の，「1　日本の略地図と範囲（領土）」での見方・考え方は「位置や分布」が重要になります。基準となる緯線や経線を基に略地図を描き，それを基にして日本の範囲を学んでいきます。これまでの教科書では，単元の最後のところで「略地図」を描く内容が申し訳程度に載せられていることが多く見られました。しかし，日本の略地図が描けるようになることで，地理の学習をすすめる際に，子ども自らが地図をノートに描いてあれこれ記入できるようになれば，今後の授業進行も大きく変わってくるでしょう。日本の範囲や緯度経度の学習にも自然な流れで入っていけます。そのため，今回は，略地図を最初にもってきました。

　北緯45度が北海道北部，北緯40度が秋田，北緯35度が東京・京都，北緯30度は九州南部沖，北緯25度が沖縄とだいたい頭の中に入れておくことがポイントです。次に，東経130度が九州の西側，東経135度が有名な兵庫県明石市の線，東経140度は秋田・東京，東経145度は北海道東部を通ります。これらを頭に入れておくと，自然と略地図が描けるようになるでしょう（もちろん練習は必要です）。

　「2　世界の中の日本の位置」でも「位置や分布」が見方・考え方になります。ここでは既

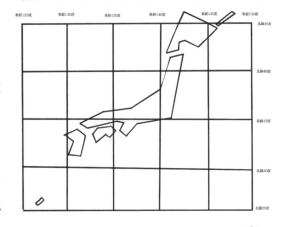

日本地図の略地図
（細かいところはそれほど気にすることはありません）

習事項である世界の略地図などを使って学ぶと復習にもなりますし，日本を世界の視点から見ることができるようになります。日本を中心にした地図，ヨーロッパを中心にした地図などを子どもに見せることで，日本の位置の意外な変化を子どもに感じ取らせたいものです。この時，地球儀を使ってみるのも面白いでしょう。

「3　時差から見た日本の位置」での見方・考え方は「位置や分布」です。最近はワールドカップやオリンピック・パラリンピックなどの放送があり，時差については子どもにとって身近なものになりつつありますので，それを導入とするのもよいのではないでしょうか。

「4　地域区分と都道府県」でも「位置や分布」はもちろんですが，「場所」が見方・考え方になります。「場所」はそれぞれの土地の特性，どちらかといえば，その土地のオリジナリティを見出そうとする見方・考え方です。そのために，地名がどのようなことに由来しているのかを調べさせたり，考えさせたりする中で，「地人相関」つまり，地＝自然現象，人＝人文現象のつながりを考えさせることも求められると思います。それぞれの地理にはその土地独自の個性がありますから，これまでのような「位置や分布」とは違った，地理の見方・考え方（人間と自然環境との相互依存関係）を意識した授業をしてみましょう。

「5　様々な地域区分」での見方・考え方は「地域」です。ここでは，7地方区分だけではない，身の回りにある地域区分を取り上げます。視点を変えることで，地域の内容は変わってくることを，難しくしない程度に取り上げることです。電圧のことから西日本と東日本を捉えさせたり，丸餅と四角い餅の分布から地域性を捉えたり，それによっていままで固定観念としてあった地方区分が絶対のものではなく，視点が変わると地域性も変わるということをここでは学び取らせましょう。

②授業案：「様々な地域区分」（5時間目）

○第5時の目標（主な見方・考え方「地域」）
・様々な資料（餅の形，電圧（周波等）の地図）を入手し，地域区分ができる（知識及び技能）
・地域区分をした理由を根拠をあげて説明できる（思考力，判断力，表現力等）

○授業展開例

		子どもの活動	指導上の留意点
導入 5分	課題把握	①前の時間に学んだ7地方区分について復習する	①7地方区分について復習させ，身近な地域の地名の由来などを言及する
		〔学習課題〕 第4時以外の区分の分け方にはどんなものがあるのか	
展開1 20分	課題追究	①「東日本・西日本」「雪国」「南国」など子どもがよく使う地域区分を発表する ②それを略地図に描き込ませる	①食べ物・気候などを使うといろいろ発言が出てくるだろう （その場で調べさせることは難しいためできれば，宿題にしておくと授業進行が楽になる） ②この単元で何度か描かせているので，それなりに子どもは描けるであろう（そうでないときは，指導する）
展開2 20分	課題追究	①実物投影機またはタブレットなどで子どもが描いた略地図を撮って，スクリーンに映したものを説明する ②そのように分けた理由を考えさせ，発表させる	①鉛筆で描くと薄くて見えない恐れがあるので，ペンなどで書き込むように指導したほうがいい ②そう判断した理由と出典をしっかり述べさせる
まとめ 5分	課題解決	①まとめ：「有名な7地方区分以外にも分け方はある」 ②概念：「見方で地域区分は変わる」 ③使用目途：「自分たちでもオリジナルな地域区分はできる」 ④「○○地方といっても，見方によってはいろいろ分けられそうなので，やってみたら面白いかもしれない」	①どのようなことを今日は学んだ？ ②それをひとことでいうと？ ③今日学んだことはどのような時に使えるだろうか ④今後，どんなことを知りたい？

　地域を捉える時，その共通性を捉えるには根拠があり，それを考えることが地理の学習であることを子どもたちに伝えましょう。地域といっても範囲を広げたり，狭めたりすることで見方が変わってくることについても補足説明しましょう。

（近藤　裕幸）

2 B 世界の様々な地域

(1) 世界各地の人々の生活と環境（計8時間）

世界各地の人々は様々な環境でどのように生活しているのだろう

1 学習指導要領での位置付け

　大項目「B　世界の様々な地域」は，「(1)　世界各地の人々の生活と環境」，「(2)　世界の諸地域」の二つの中項目で構成されますが，ここでは「(1)　世界各地の人々の生活と環境」に関する授業モデルをあげます。そもそも，大項目「B　世界の様々な地域」は，大項目「A　世界と日本の地域構成」の学習成果を踏まえ，世界の多様な地域とそこに住む人々の生活を主な学習対象とし，世界の諸地域の多様性や地域的特色を理解する学習を通して，世界の地理的認識を養うことをねらいとしています。そこで，「(1)　世界各地の人々の生活と環境」では，場所や，人間と自然環境との相互依存関係などに関わる視点に着目して，世界各地の人々の生活が営まれる場所の自然的条件と社会的条件を関連付けて多面的・多角的に考察し，表現する力を育成することを主なねらいとしています。ただ，本項目は平成29年の学習指導要領の改訂を経ても従来と何か大きく変わったというわけではないので，「場所や人間と自然環境との相互依存関係などに関わる視点」に改めて着目することで地理的な見方・考え方を再確認することができると思っていただければいいと思います。

　学習指導要領では，中項目「(1)　世界各地の人々の生活と環境」で身につけるべき，知識及び技能や思考力，判断力，表現力等は以下のようになっています。

ア　次のような知識を身に付けること。
  (ア)　人々の生活は，その生活が営まれる場所の自然及び社会的条件（補足：社会的条件とは，地域の歴史的背景や住民の民族構成などに配慮しながら，伝統的な生活様式が他の文化との接触や新しい技術の導入，経済活動の活発化によって変容することなどを指す）から影響を受けたり，その場所の自然及び社会的条件に影響を与えたりすることを理解すること。（補足：人間社会の営みが自然環境に影響を与えることもあり，両者は相互に関係し合っているということに留意する）
  (イ)　世界各地における人々の生活やその変容（補足：世界の人々の衣食住などの生活が主な学習対象であり，また，同じ地域の過去と現在の生活を比較してその変化に着目し，人々の生活が可変的なものであること）を基に，世界の人々の生活や環境の多様性を理解すること。その際，世界の主な宗教の分布についても（補足：分布図を用いて大まかに）理解

すること。
イ 次のような思考力，判断力，表現力等を身に付けること。
(ア) 世界各地における人々の生活の特色やその変容の理由を，その生活が営まれる場所の自然及び社会的条件などに着目して多面的・多角的に考察し，表現すること。(補足：自然及び社会的条件などと関連付けることを通して，地理的な事象の意味や事象間の関係に着目すること)

2 単元案・授業案

①単元案

　本項目の単元案の例は主に2つあるでしょう。1つは，主要な気候（5つの気候帯とそれ以外にあたる気候）を1時間ずつ取り上げながら，該当する地域の生活の特色について学習するもので，これまでの学習の進め方と同じようなものです。もう1つは，人々の生活に関わるキーワード（衣，食，住など）を1時間ずつ取り上げながら，気候による生活の違いを比較できるような学習だと考えます。後者のほうが比べる気候の数が多いため，やや難しい内容になるかもしれませんが，今回は案として後者の単元案を構想してみました。しかし，あくまで例示として発想したものであり，「このような単元案でなければならない」というわけではなく，前者のような単元案もまたいいと思います。

> 【本単元の目標】
> 　世界の様々なくらしについて，衣食住や宗教に着目しながら各地の自然的または社会的特徴を説明できるようになる。

授業タイトル／課題	主に働かせたい見方・考え方	身につけることの例	
		知識・技能	思考・判断・表現
1 世界各地の様々な気候と生活〔課題〕雨温図から気候の特徴を読み取ろう	場所「世界の様々な地域では，どのような気候の特色があるのだろうか」	雨温図から気候の特徴を読み取ることができる	
2 気候帯と気候区〔課題〕気候帯ごとに人々がど	場所「世界の様々な地域では，どのような気候の特色があるのだろ	5つの気候帯と1つの気候区（高山気候）の名称とその特	自然環境にあった生活がどのようなものか考えることができ

のような生活をしているか予想しよう	うか」 人間と自然環境との相互依存関係 「自然・社会条件に応じ人々はどのように生活しているのだろうか」	徴がいえる	る
3　世界各地の生活を調べてみよう 〔課題〕 世界各地の人々がどのように生活しているか調べよう	人間と自然環境との相互依存関係 「自然・社会条件に応じて人々はどのように生活しているのだろうか」	図書やインターネットを用いて自然環境に応じた世界各地の人々の生活について調べることができる	
4　世界のくらしをのぞいてみよう―衣― 〔課題〕 自然環境に応じた人々の衣服について考えよう	場所 「世界の様々な地域では，自然環境に応じてどのような自然的・社会的特徴があるのだろうか」 人間と自然環境との相互依存関係 「自然・社会条件に応じ人々はどのような衣服を着るのだろうか」		自然環境と関連付けて衣服の特徴を説明できる
5　世界のくらしをのぞいてみよう―食・植物― 〔課題〕 自然環境に応じた人々の食生活や作物・植生について考えよう	場所 「世界の様々な地域では，自然環境に応じどのような自然的・社会的特徴があるのだろうか」 人間と自然環境との相互依存関係 「自然・社会条件に応じ人々はどのような食生活をするのだろうか」	気候に応じて成長する植物の名称をいえる	自然環境と関連付けて食生活やさかんな農業，植生の特徴を説明できる
6　世界のくらしをのぞいてみよう―住― 〔課題〕 自然環境に応じた人々の住居について考えよう	場所 「世界の様々な地域では，自然環境に応じどのような自然的・社会的特徴があるのだろうか」 人間と自然環境との相互依存関係 「自然・社会条件に応じ人々はどのような住居でくらすのだろうか」		自然環境と関連付けて住居の特徴を説明できる
7　世界のくらしをのぞいてみよう―宗教― 〔課題〕 宗教と人々の生活の関	位置や分布 「世界の宗教はどのように分布しているのだろうか」 場所	世界の主要な宗教の名称とその宗教が分布する地域を理解している	人々の生活と宗教との関わりについて説明することができる

連について考えよう	「世界の様々な地域では，どのような自然的・社会的特徴があるか」		
8　世界のくらしをのぞいてみよう―変化・問題― 〔課題〕 人々の生活の変化や問題について考えよう	人間と自然環境との相互依存関係 「自然環境に対して人々はどのようにくらしているのだろうか」 空間的相互依存作用 「他国とのつながりによって人々の生活はどのように変わったか」		自然環境や他国とのつながりと関連付けて，世界各地の人々の生活の変化や問題，影響について説明できる

【主体的に学習に取り組む態度】　以下のことを子どもに問い，振り返りをさせる
・「何を学びましたか（知識）」→（例）自然・社会条件に応じた様々な人々の生活があることを学んだ
・「何ができるようになりましたか（技能）」→（例）雨温図から気候の特色を読み取れるようになった
・「どのような概念をつかみましたか」→（例）気候に応じて成長する植物の種類は変わる
・「新たに知ってみたいことは何ですか（調べてみたいことは何ですか）」→（例）小さな島の国ではどのような生活をしているのか
・「今回学んだことはどのような時に役に立ちますか」→（例）環境問題の解決に向けて考える時

　この単元は，世界各地の衣食住の特色や，生活と宗教との関わりについて，自然及び社会条件と関連させながら，各地の生活とその変容について学ぶものです。
　前述したように，単元案は人々の生活に関わるキーワードを1時間ずつ取り上げることで，自然・社会条件に応じた様々な生活のあり方を比較しながら学習します。
　1時間目は，日本の気候と世界各地の気候には違いがあることに気付くことを単元の導入の大きな目標とします。気候の特色を見極めるには雨温図の読み取りが必至ですが，はじめは慣れない子どもが多いと思うので，東京の雨温図の読み取りからはじめるといいと思います。その後，東京の雨温図とは大きく異なる気候の特徴をもつ都市（カイロやイルクーツクなど）の雨温図を見せながら，子どもに雨温図を読み取る技能を身につけるとともに，東京の気候との違いを実感できるようにします。なお，多くの地図帳に東京の雨温図が載っているため「東京の雨温図」としましたが，子どもの住む地域の雨温図を使えば，より実感を伴った学習ができるでしょう。
　2時間目は，前時で学んだ雨温図を基に，6つの気候に種類分けをします。この時，同じ気候帯でも湿度によって異なる特徴が見られる気候区の存在にも触れます。その後，様々な気候がある中で人々がどのような生活をしているのか予想します。「もしも，この地で生きることになったら，どうやってこの自然環境下で生き延びるか」という発問をすると子どもの切実性

が増すと思います。また，子どもに次時で実際の様子を調べることや，単元の後半は調べたことやそれを踏まえて考えたことを発表する授業であることを伝え，単元の見通しを立てるとともに調べ学習の意義を周知させます。

　3時間目以降はグループによる調べ学習や発表を想定しています。各グループで5つの気候帯と高山気候について分担して調べ，4時間目以降は発表を主とした授業とし，1時間の授業の中で一人一度は発表の機会があるといいでしょう。まず，3時間目の調べ学習では，子どもが図書やインターネットを用いて調べる活動を主とし，「どのような自然・社会条件がどのように人々の生活に影響しているのか」がわかるように調べるようにします。指導上の支援として，あらかじめ関連図書のコーナーを子どもに示したり，信頼できるインターネットのリンク先を提示したりするなど，調べることが苦手な子どもへの支援があるといいと思います。

　4時間目以降の発表では，授業のキーワードに沿った内容で調べたことをグループごとに発表していきます。発表内容は，調べたことから気付いたことや考えたことまで含められるといいことを子どもに伝えるとクラス全体で様々な考えや見解を共有できると思います。また，発表の過程では，ホワイトボードに世界地図を投影したものを用意し，そこに発表した生活の特色を気候別に色分けした付箋紙に記入して貼りつけていきます。例えば，子どもが熱帯に関する発表をしたならば，発表した後に赤色の付箋を世界地図の赤道付近の国に貼りつけるということです。気候別に付箋紙を色分けすることで，一つの世界地図から緯度と気候の関係に気付くことはもちろん，つながりのある国を線や矢印で結ぶことで関係性を示すことができます。

　7時間目の宗教をキーワードとする授業では自然条件との関連が薄い生活の特徴もあるので別の付箋紙や地図を用いるなどして宗教の分布や特色について触れられるといいです。

　単元のまとめである8時間目の授業は伝統的な生活がどのように変化しているのか，それによりどのような実態があり，問題が生まれたのかについて学習します。変化の過程では通信や物流の面で他国とのつながりがあるものも多いので，地理的な見方・考え方の一つである「空間的相互依存作用」の視点も補助的に含まれると考えます。また，完成した世界地図を基に，人間と自然環境がどのように影響し合っているのか考えることを単元のまとめの活動とします。

■②授業案：「世界のくらしをのぞいてみよう―変化・問題―」（8時間目）

○第8時の目標（主な見方・考え方「人間と自然環境との相互依存関係」）
　・自然環境や他国とのつながりと関連付けて，世界各地の人々の生活の変化や問題，影響について説明できる（思考力，判断力，表現力等）

○授業展開例

		子どもの活動	指導上の留意点
導入 5分	課題把握	①グループごとに発表の準備をする ・付箋の用意 ・発表内容の確認	①板書に「自然→人間」と書き，これまで自然から人々の生活への影響について考えてきたことを強調する
		〔学習課題〕 人々の生活の変化や問題について考えよう	
展開1 20分	課題追究	①伝統的な生活の変化についてグループごとに発表する ・交通の便がよくなった ・食の種類が増えた ・他国から食べ物を輸入するようになった	①必要があれば，世界地図に線や矢印を書き込んで他の国とのつながりがわかるように，子どもの発言を可視化する
展開2 15分	課題追究	①人々の生活の変化や行動が自然環境にどのような影響を与えているかグループで考え発表する ・砂漠化が進んでいる ・植林する活動がある	①子どもが問題の意図を把握できるように，人々が自然へ影響を与えたり，働きかけたりしていることはないかを発問する 板書に「自然←人間」と書き，両者が相互に関わっていることがわかるようにする
まとめ 10分	課題解決	①完成した世界地図を見ながら，人間と自然環境が相互に関係していることを確認する振り返りを行う	①世界地図から緯度と気候帯の関係がわかるように，赤道に沿って赤い線を引く

　第8時は単元のまとめにあたり，前時まで考えてきた「自然が人々の生活に与えた影響」とは視点を変え，「人々の生活が自然に与えた影響」について掘り下げます。世界では，伝統的な生活を続ける一方で，時代に合わせて生活スタイルを変化させている民族が多くいます。どのような変化があり，その変化がどのような影響をもたらすのかを考えることが第8時のポイントです。その影響に対し，どのような取り組みがあるかについても掘り下げられるとよりいいと思います。なお，本時で働かせる主な見方・考え方は「人間と自然環境との相互依存関係」です。単元案では「空間的相互依存作用」も含まれていますが，こちらは他国とのつながりがある場合に働かせるもので補助的なものです。あくまで「人間と自然環境との相互依存関係」を主軸に構想しました。

(宇野　奈苗)

2　B　世界の様々な地域

(2) 世界の諸地域（計8時間）

①アジア
――日本にアジア製品・食品が多いのはなぜだろう

1　単元案

【本単元の目標】　アジアが経済発展を遂げた理由を，各国の産業の様子や国々の結びつきから考え，経済発展に伴って生まれたアジアが抱える課題を把握することができる。

授業タイトル／課題	主に働かせたい見方・考え方	身につけることの例	
		知識・技能	思考・判断・表現
1　MADE IN ○○ を探せ！ 〔課題〕身の回りにある製品・食品が製造された国を調べよう 〔課題〕身の回りにアジア製品が多いのはなぜだろう	位置や分布 「身の回りのアジア製品は，どのような国々からきているのか」 空間的相互依存作用 「アジアで生産されたものはどのようにつながっているのか」	身の回りの製品にアジア製のものが多いことを知る	なぜ身の回りにアジア製品が多いのか予想し，説明できる
〔追究課題〕日本にアジア製品・食品が多いのはなぜだろう ［視点：アジア諸国の立場・日本の立場］			
2　アジアをながめて 〔課題〕アジアの自然環境にはどのような特色が見られるのだろうか	位置や分布 「地形は，どのように位置しているのか」 「気候は，どのように広がっているのか」	アジアの地域区分や地形，気候の特色を理解している	
3　アジアの人口と民族 〔課題〕アジアに見られる人口に関する課題とその背景は何だろう	位置や分布 「アジアの人口は，どのように分布しているのか」	人口密度の主題図から分布を読み取り，人口分布の特徴を理解することができる	人口に関する課題が与えるアジアへの影響を考えることができる

4　東・東南アジアの農業〔課題〕自然環境からアジアの農業の広がりを考えよう	人間と自然環境との相互依存関係「東・東南アジアの農業は自然環境からどのような影響をうけているのだろう」	気候の分布図と農業の分布図を比較し，農業と自然環境の関係を読み取ることができる	それぞれの地域の地形や気候から，農業の分布を説明できる
5　東・東南アジアの工業〔課題〕アジアの国々が経済発展をしつつあるのはなぜだろう	場所「東・東南アジアはどのようにして経済発展しているのだろう」	工業製品の生産や輸出入が盛んなことを捉え，経済発展を遂げた理由を説明できる	
6　西アジアの経済とくらし〔課題〕なぜ西アジア諸国のくらしは豊かなのだろう	位置や分布「油田はどのように分布しているのか」空間的相互依存作用「石油はどのような方法で，どのような国に輸出されているのか」	世界地図で油田の分布を捉え，石油の輸出が盛んなことを理解している	石油とくらしの豊かさとの関係性を考えることができる
7　南アジアの様子〔課題〕南アジアの産業が発展した理由は何だろう	位置や分布「南アジアの農業はどのように分布しているのか」空間的相互依存作用「南アジアの経済は他国とのようにつながっているのか」	農業分布や気候条件などを基に捉え，工業が発展した理由を外国との結びつきなどから説明できる	
8　経済発展とその課題〔課題〕日本にアジア製品・食品が多い理由は何だろう	地域「アジアはどのように経済発展を遂げたのだろう」	アジア諸国の産業から経済発展の様子や国々の結びつきを捉えることで，アジアが抱える課題を把握することができる	アジア諸国と日本のそれぞれの立場に立って，追究課題に対する考えをもち，発表することができる

【主体的に学習に取り組む態度】　以下のことを子どもに問い，振り返りをさせる
・「何を学びましたか（知識）」→（例）アジアの自然環境，産業，経済発展，貿易，くらしの様子
・「何ができるようになりましたか（技能）」→（例）主題図を比較し見ることができるようになった
・「どのような概念をつかみましたか（汎用的な概念）」→（例）資源がある国は輸出をすることで経済発展を遂げている国もある。資源に恵まれない国は原料や食料を輸入せざるを得ない
・「新たに知ってみたいことは何ですか（調べてみたいことは何ですか）」→（例）アジアの国以外で日本が経済的に結びついている国や地域はあるのか調べてみたい
・「今回学んだことはどのような時に役立ちますか」→（例）ものを購入する時に，安い外国製品ばかりを購入するのではなく，日本の産業を守るために日本製品も購入していく

　この単元では，「アジアの経済発展とそこから生まれる課題」という主題を設定しました。

アジアの経済発展を子どもが身近に感じるものとしてMADE INアジアの製品があると考えました。数年前までは中国製品が多かったように感じますが，近年ではベトナムやタイなどの様々なアジア製品が身近な文房具などに増えてきています。そこで，主題を捉え，追究させるために「日本にアジア製品・食品が多いのはなぜだろう」という追究課題を提示し，課題解決に向けた学習活動を展開していきます。

「1　MADE IN○○を探せ！」での見方・考え方は「位置や分布」と「空間的相互依存作用」です。子どもに1人10〜20個程度の外国産の製品や食料品の産地を調べさせ，付箋に製品名を書かせ，グループなどで同じ国ごとに付箋を整理することで身近な外国製品の分布を捉えさせます。恐らく，アジア製品が多い（東アジアや東南アジア中心）ということに気付くはずです。そして，「なぜ日本にはアジア製品が多いのだろう」などと問いかけ，仮説を立てさせることで「距離が近くて輸送費が安い」「日本であまりつくれないモノ」といった貿易や交通の関わりに目を向けることができるようになると思います。最後に，「日本にアジア製品・食品が多いのはなぜだろう」という追究課題を提示し，「アジア諸国の立場」「日本の立場」といった視点を与え，課題追究の展開につなげていきます。

ベトナム製の文房具

「2　アジアをながめて」では「位置や分布」が見方・考え方になります。導入でアジアの気候のイメージやアジアと聞いて思いつく地形などを答えさせたうえで，自然環境の分布を捉えさせると理解が深まるかもしれません。

「3　アジアの人口と民族」でも人口や民族の分布を捉えるうえで「位置や分布」が見方・考え方になります。どのようなところに人口が集中しているのか，中国や韓国などの人口密度を示した主題図から読み取らせることで，人口分布の一般的共通性・地域的特殊性を考えさせたいです。また，人口世界上位国（インド・中国など）に見られる人口の変化に関する背景や課題を捉えるうえでは「地域」が見方・考え方になります。例えば，中国の人口増加と一人っ子政策，高齢化などを人々の生活と関連付けて考察することで，人口問題に関わる一般的課題や地域特有の課題が見えてくるはずです。

「4　東・東南アジアの農業」では，「人間と自然環境との相互依存関係」が見方・考え方になります。気候（降水量）の分布図と農業の分布図を比較することで，稲作や畑作が盛んな地域などの共通性を見出すことができます。特定の地域に絞るのであれば，中国や東南アジアを例に比較するとわかりやすいかもしれません。

「5　東・東南アジアの工業」では，アジアが経済発展を遂げた理由を，単なる空間ではなく，「場所」を見方・考え方として追究していきます。「1　MADE IN○○を探せ！」で見つけた，東アジア製や東南アジア製のものに目を向けさせたうえで，工業が発達し，経済発展を遂げた背景を学ばせます。中国の開放政策や韓国の加工貿易などの地域的特殊性を捉えつつ，

低賃金で労働者を雇うことができるといった共通性も理解させることで、アジア（東アジア・東南アジア）が経済発展を遂げた理由を説明できるようにします。

「6　西アジアの経済とくらし」での見方・考え方は「位置や分布」と「空間的相互依存作用」になります。授業の導入でドバイの街並みの写真を見せ、「なぜ、（UAEなどの）西アジアの国々はくらしが豊かなのだろう」という学習課題を提示します。そして、資源の分布図を読み取らせ、石油が経済発展（くらしの豊かさ）とどうつながっているのかということを、石油の必需性や石油の輸出割合などを踏まえ、考えさせます。

ドバイの街並み

「7　南アジアの様子」でも、「位置や分布」「空間的相互依存作用」が見方・考え方になります。インドの農業と工業を中心に取り扱います。インドの農業では、インドの人々はカレーを毎日食べているという話をきっかけに、小麦や米の栽培が盛んであることを捉え、主題図と比較することで分布を理解させていきます。また、工業はICT産業が盛んな理由や「世界のコールセンター」と呼ばれている理由を探ることで、空間的な他国とのつながりが見えてきます。

「8　経済発展とその課題」は、本単元のまとめとして「地域」が見方・考え方になってきます。「日本にアジア製品・食品が多いのはなぜだろう」という追究課題から、アジア全体の経済発展へ迫れるかがカギとなります。そのうえで、経済発展で生じた環境問題などの課題にも目を向けさせて行くことで、経済発展とその一般的課題とのつながりも理解させたいです。詳しい流れは、授業案に示しました。

2 授業案：「経済発展とその課題」(8時間目)

○第8時の目標 (主な見方・考え方「地域」)

- アジア諸国の産業から経済発展の様子や国々の結びつきを捉えることで、アジアが抱える課題を把握することができる(知識及び技能)
- アジア諸国と日本のそれぞれの立場に立って、追究課題に対する考えをもち、発表することができる(思考力、判断力、表現力等)

○授業展開例

		子どもの活動	指導上の留意点
導入 5分	課題把握	①追究課題を確認し、改めて1時間目の活動や自分の仮説、いままでの授業の流れを振り返る	①身の回りにアジア製品が多いことを再確認させ、その背景を授業の流れに沿って振り返らせる
		〔学習課題〕 日本にアジア製品・食品が多いのはなぜだろう ［視点：アジア諸国の立場・日本の立場］	
展開1 20分 (10分)	課題追究	・いままでの学習を基に追究課題について「アジア諸国の立場」「日本の立場」から理由を考える ①各自で2つの立場から理由を考える	①アジア諸国と日本の生産と消費の関係性から、アジア諸国が利益をあげ、経済発展を遂げていることを捉えさせる(子どもの発言から捉えさせるといい)
		【予想される子どもの考え】 アジア諸国の立場 ・経済的に豊かな日本に輸出することで、儲かる ・距離が近いから、輸出費用が抑えられる 日本の立場 ・安い製品・食品が多い→大量に仕入れをすることができる ・値段のわりに品質がいい 経済発展 設備投資 ↕ お金 生産 モノ ↕ お金 消費	
(10分)		②それぞれの立場の意見を発表し、考えを共有する	②文章で考えを説明させる。また、多様な考えを板書し、意見を比較させる
展開2 20分 (10分)	課題追究	・アジア諸国が経済発展したことにより、生まれた課題を考える ①各自で教科書などを参考に生まれた課題を考える 【予想される子どもの考え】	①環境問題などの経済発展が生み出す課題を考えさせる。また、中国を例に類似事例を提示し、活動が停滞している子どもに支援を行う

(10分)			・大気汚染による酸性雨　・工場排水による水質汚染　・森林破壊　など
		②考えを発表し，共有する	②文章で考えを説明させる。また，多様な考えを板書し，意見を比較させる
まとめ 5分	課題解決	①まとめ：「経済発展をする一方で工場などから排出される大気や汚水による環境問題も生まれている」 ②概念：「経済成長と公害問題はどこの国でも起こりうる課題である」 ③使用用途：「くらしに豊かさと快適さを求める一方で，環境のことを考えた生活をしていこう」 ④「日本も経済発展を遂げるうえで，環境問題が起こっていたのだろうか」	①どのようなことを今日は学んだ？ ②それってどういうこと？ ③今日学んだことはどのような時に使えるだろうか ④今後，どんなことを知りたい？

　経済発展と公害問題を，地域特有の原因などの地理的な見方・考え方を踏まえて課題解決を行うことができるといいと思います。身近な国や地域の公害問題にも目を向けさせてみましょう。

（児玉　和優）

② B 世界の様々な地域

(2) 世界の諸地域（計5時間）

②ヨーロッパ
――日本がもし周辺諸国と地域統合したらどうなるか

1 単元案

【本単元の目標】 EUの現状と課題について学び，ヨーロッパの自然・産業等の地域的特色を踏まえ，地域統合のメリット・デメリットについて自分の意見をもつことができる。

授業タイトル／課題	主に働かせたい見方・考え方	身につけることの例	
		知識・技能	思考・判断・表現
1 地域統合について考える。日本がもし周辺諸国と地域統合したらどうなるか〔課題〕地域統合とはいったいどういうものだろう	位置や分布「ヨーロッパの国々の位置関係はどのようになっていて，それらの国々はどのように統合していったのか」	ヨーロッパが統合へと進んでいった歴史と，EUの特徴・現状を理解する ヨーロッパにある国の位置がわかる	日本にとって，地域統合はどのようなメリット・デメリットがあるか予想することができる
2 ヨーロッパの自然と農業，文化〔課題〕ヨーロッパの自然環境，農業，宗教はどのような特徴が見られるのだろうか	位置や分布「ヨーロッパの気候・農業・宗教・言語は，どのように分布しているのか」 人間と自然環境との相互依存関係「気候と農業の関わりはどのようになっているか」	主題図から，気候・農業・宗教・言語の分布の特徴を読み取ることができる 気候の分布図と農業の分布図を比較し，農業と自然環境の関係を読み取ることができる	それぞれの地域の地形や気候から，農業の分布を説明できる EUの農業政策について，メリット・デメリットを説明することができる
3 ヨーロッパの工業と環境対策〔課題〕ヨーロッパの工業の特色と，環境対策はどのようなものか	位置や分布「ヨーロッパの工業地域はどのように分布しているのか」 場所「それはどのような工業地域な	主題図や地図帳から，工業地域の分布の特徴を読み取ることができる 外国人労働者の流入	外国人労働者の流入によるメリット・デメリットを説明することができる

		のだろう」	の歴史と現状について理解する ヨーロッパの環境対策について理解する	
4 ヨーロッパと旧ソ連諸国 〔課題〕 ヨーロッパとロシアのつながりは何だろう		位置や分布 「旧ソ連諸国の植生・人口はどのように分布しているのか」 空間的相互依存作用 「ヨーロッパと旧ソ連諸国とのつながりはどのようになっているか」	主題図から，植生・人口の分布の特徴を読み取ることができる ロシアの歴史と，EUとのつながりについて理解する	
5 EUの現状と課題について 〔課題〕 もし日本が周辺諸国と地域統合したらどうなるだろう		地域 「ヨーロッパにはどのような地域的特色と一般的課題があるのだろう」	EUの現状と課題を把握することができる	日本がもし周辺国と地域統合した場合のメリット・デメリットについて考えることができる

【主体的に学習に取り組む態度】 以下のことを子どもに問い，振り返りをさせる
・「何を学びましたか（知識）」→（例）EUの現状・課題や歴史・農業・鉱工業について。ヨーロッパの環境対策・周辺諸国との結びつきについて
・「何ができるようになりましたか（技能）」→（例）一般図・主題図の読み取り
・「どのような概念をつかみましたか（汎用的な概念）」→（例）EUを例にした「地域統合」について，様々なメリット・デメリットがあるということ
・「新たに知ってみたいことは何ですか（調べてみたいことは何ですか）」→（例）他の地域統合（ASEANなど）が生まれた歴史的背景・現状・課題について調べてみたい
・「今回学んだことはどのような時に役立ちますか」→（例）TPP等の日本が参加する地域統合について関心をもつようになり，メリット・デメリットを理解しようとする

　この単元では，「地域統合とはどのようなものだろう」という主題を設定しました。二度の世界大戦を経て，経済が停滞したヨーロッパ諸国が，それぞれ自国発展のためEUに関わっていく様子を学習します。ここで，「日本が周辺諸国と地域統合したら？」という問いを考えさせることで，地域統合のメリット・デメリットについて，その国に所属する個人として考えさせたいです。従って，本単元内のどの授業でも「日本だったら？」という視点をもたせ，より身近なものとして捉えさせます。
　「1　地域統合について考える。日本がもし周辺諸国と地域統合したらどうなるか」での見方・考え方は，「位置や分布」と「場所」になります。まずヨーロッパの国名と位置がある程度わからないといけません。白地図を提示し，選択肢を与え「制限時間内に何問解けるか」と

いうような遊びの要素を入れつつ確認したいと思います。位置をおさえ，EU の歴史，特徴を捉えさせたうえで，地域統合したら日本にはどんなメリット・デメリットがあるか予想させ，今後の学習につなげていきます。歴史は簡単に触れ，できればアルザス，ロレーヌ地方を地図で見つけ，独仏の争いの発端を考えさせるといいでしょう。

「2　ヨーロッパの自然と農業，文化」での見方・考え方は「位置や分布」「人間と自然環境との相互依存関係」になります。宗教はクイズ形式で出題し，できるだけ子どもが取り組みやすくします。気候は，日本の秋田県とイタリアの都市ローマは同じ緯度にあることから，気温を予想させ，その違いについて確認します。ヨーロッパでも，南部と北部では降水量や土壌が違うため，農業分布に違いが出ることに気づかせます。そして，農業政策の内容を確認したうえで，日本の農業がこの政策の保護下におかれたらどうかについて意見を書かせ，一部発表させます。それを回収して評価します。

「3　ヨーロッパの工業と環境対策」での見方・考え方は「位置や分布」「場所」になります。ここでもう一度アルザス，ロレーヌ地方の位置を確認するといいでしょう。国際河川であるライン川を地図帳で確認しながら，簡単に工業地域について確認します。もう一つの有名な国際河川，ドナウ川が通る国を地図帳でたどるのも面白いですが，時間的余裕がないかもしれません。この授業の一番のポイントは，ドイツを例にした外国人労働者受け入れの歴史と現状課題だと思います。EU とは少しずれてしまいますが，この点を子どもたちにもし日本だったら，と考えさせたいと思います。

「4　ヨーロッパと旧ソ連諸国」での見方・考え方は「位置や分布」「空間的相互依存作用」になります。ロシアは，導入で文化・気候の違うシベリアとウラル山脈以西のロシアを写真で比較すると面白いと思います。併せて簡単に主題図から人口密度と気候の分布の相関関係を読み取らせていきます。

「5　EU の現状と課題について」での見方・考え方は「地域」になります。いままでの総復習なので，こちらからの説明はほぼせず，子どもに説明させながら確認しつつ授業をまとめていきます。詳しい流れは授業案で提示します。

2 授業案：「EUの現状と課題について」（5時間目）

○第5時の目標（主な見方・考え方「地域」）
・EUの現状と課題を把握することができる（知識及び技能）
・日本が周辺国と地域統合した場合のメリット・デメリットについて考えることができる（思考力，判断力，表現力等）

○授業展開例

		子どもの活動	指導上の留意点
導入 10分	課題把握	①追究課題を確認し，いままでの授業を振り返る	①考える視点として，農業政策・外国人労働者等があったことを確認する
		〔学習課題〕 もし日本が周辺諸国と地域統合したらどうなるだろう	
展開1 30分 (10分) (10分) (10分)	課題追究	①いままでの学習を基に追究課題について考え，提出プリントにまとめさせる ②4人一組のグループを作り，時間内に考えた意見を発表したり，新たな意見を出し合ったりする ③グループごとに意見をまとめて代表者が発表し，考えを共有する	①メリット・デメリットどちらにも言及するように伝える。また，思ったことを自由に記述させる ②各グループを回り，出た意見によってヒントを出してやり，新たな意見を出させる ③いろいろな立場の視点があることを確認する
		【予想される子どもの考え】 ・自給率が減っている日本の農家の助けにはなりそう ・外国人労働者に職を奪われる人も出そう…… ・中国は社会主義国だから，日本と政治的統合は可能なのか	
まとめ 10分	課題解決	①最終的な自分の意見をまとめさせる。最終意見は賛成・反対という立場を明確にさせ，最後にクラス全体の賛成・反対票をとる	①今後の家庭学習につなげるため，イギリスの脱退問題について，各子どもに調べるように促す

　イギリスの話はあえて子どもに投げてみました。今後の動きに子どもそれぞれが関心をもってほしいからです。本単元は，EUの特徴にどれだけ触れられるのかがポイントになります。政治的統合を目指している部分だったり，シェンゲン協定だったり，ユーロの話だったり，大切な視点は山ほどあります。しかし広げすぎても，考えさせるのが難しくなりすぎるので，子どもの実態に応じて授業をすすめて下さい。

(鈴木　瞭)

② B 世界の様々な地域

(2) 世界の諸地域（計4時間）

③アフリカ
――アフリカは資源や農産物が豊富なのに，なぜ生活に苦しむ人が多いのか

1 単元案

【本単元の目標】 アフリカの人々の生活の様子や抱える課題の現状を，主題図を読み取ったり，その背景を踏まえたりして説明することができるようになる。

授業タイトル／課題	主に働かせたい見方・考え方	身につけることの例	
		知識・技能	思考・判断・表現
1 アフリカをながめて〔課題〕 アフリカの鉱産資源や農産物の分布，輸出の割合を読み取ろう〔課題〕 アフリカの人々の生活の現状を主題図から読み取ろう	位置や分布「アフリカの鉱産資源や農産物は，どのように分布しているのか」場所「アフリカの人々の生活にはどのような特色や課題があるのだろう」	鉱産資源の分布や，輸出割合を主題図やグラフから読み取ることができる	人々の生活の特色を主題図から読み取り，抱えている課題を考えることができる
〔追究課題〕アフリカは資源や農産物が豊富なのに，なぜ生活に苦しむ人が多いのか			
2 アフリカの歴史の歩み〔課題〕 アフリカが抱える課題の背景を歴史から考える	場所「アフリカの歴史が及ぼした現代につながる農業や人々の生活への影響は何だろう」	アフリカがかつてヨーロッパの国々に植民地支配されていたことを，言語の分布や国境線の特徴などから捉えることができる	植民地支配などがもたらした農業や人々の生活への影響を考え，説明することができる
3 アフリカの産業〔課題〕 自然環境からアフリカの農業の特色	人間と自然環境との相互依存関係「アフリカの農業は自然環境か	気候の分布図と農業の分布図を比較し，	

を考えよう	らどのような影響をうけているのだろう」	農業と自然環境の関係を読み取ることができる	
〔課題〕 アフリカは豊富な資源を有効活用できているのだろうか	空間的相互依存作用 「アフリカの鉱産資源や農作物はどのように流通しているのだろう」	鉱産資源や農作物の貿易の様子などを捉えることで，利益の独占や不公平な取引などの課題を見つけることができる	アフリカのレアメタルと私たちの生活とをイメージマップでつなげることができる
4 アフリカが抱える課題 〔課題〕 アフリカは資源や農産物が豊富なのに，なぜ生活に苦しむ人が多いのか	地域 「アフリカにはどのような地域的特色と課題があり，私たちは何ができるのだろうか」		アフリカが抱える課題の現状や背景を基に，追究課題について自分なりの考えをもつことができた

【主体的に学習に取り組む態度】 以下のことを子どもに問い，振り返りをさせる
・「何を学びましたか（知識）」→（例）アフリカは「貧困」「水衛生」「教育」など多くの課題を抱えている
・「何ができるようになりましたか（技能）」→（例）複数の主題図から読み取った情報を基に課題について考えることができるようになった
・「どのような概念をつかみましたか（汎用的な概念）」→（例）モノカルチャー経済のように１つのものに頼る経済は，もしその資源が採れなくなった時に大打撃を受ける
・「新たに知ってみたいことは何ですか（調べてみたいことは何ですか）」→（例）アフリカの課題を解決するために私たちにできることは何だろう
・「今回学んだことはどのような時に役立ちますか」→（例）アフリカの課題は私たちの生活とつながっている部分もあるので，携帯電話などの電化製品を積極的にリサイクルしたい

　この単元では，「アフリカの人々の生活とその課題」という主題を設定しました。アフリカは「貧困」「水衛生」「教育」「医療」など多くの課題が見られる地域です。その一因としてアフリカで豊富に産出するレアメタルを巡る紛争があります。レアメタルの利益を一部の武装組織が得ている実情があり，紛争や子ども兵の問題などがなかなか解決しません。そして，その要因を作っているのは，スマートフォンやテレビなどに必要なレアメタルを大量に輸入する先進国です。したがって，遠いアフリカの国の課題と私たちの生活は密接に結びついているのです。このことを子どもたちにも考えて欲しいと思い，「アフリカは資源や農産物が豊富なのに，なぜ生活に苦しむ人が多いのか」という追究課題を提示し，課題解決に向けた学習活動を展開していく単元案を考えました。
　「１　アフリカをながめて」では，「位置や分布」と「場所」が見方・考え方になります。導入で，鉱産資源や農産物の豊かさとその輸出が盛んなことを捉えさせるために主題図の読み取

りをさせます。すると，「資源が豊富＝経済的に豊か」と考えるはずです。そこで，アフリカの就学率の割合や安全な水が使えない人々の割合などをまとめた主題図を提示し，アフリカの人々の生活の現状を考えさせることで，課題を把握させていきます。ここでの主題図はJICAの「国際理解教育実践資料集」のものがオススメです。

「2 アフリカの歴史の歩み」では，「場所」が見方・考え方になります。アフリカが抱える課題の背景を歴史地理的な視点から考えていくため，言語分布や国境線などから，植民地支配されていたことを捉えさせます。そして，奴隷貿易などを例に，若い労働者がアメリカ大陸へ連れて行かれたことによる経済発展の遅れやプランテーションによる輸出作物優先の農業が行われたといった植民地支配の影響を考えさせていきます。

「3 アフリカの産業」では，「人間と自然環境との相互依存関係」と「空間的相互依存作用」が見方・考え方となってきます。まず，農業の特色を気候や地形などの自然環境と関連させて捉えさせます。そして，鉱産資源や農作物の輸出に目を向けさせます。そこで，モノカルチャー経済やフェアトレードなどの課題を捉えさせるとともに，レアメタルを例に私たちの生活とのつながりも考えさせたいです。レアメタルが使われているスマートフォンやゲーム機に対し，私たちが払っているお金が武装組織の資金源となっていること（参考：原貫太オフィシャルブログ https://www.kantahara.com）など，密接に関連していることをイメージマップなどで捉えさせるといいでしょう。

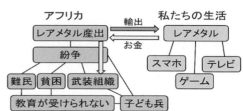

アフリカの課題と私たちの生活をつなげたイメージマップ

「4 アフリカが抱える課題」では，本単元のまとめとして「地域」が見方・考え方になってきます。「アフリカは資源や農産物が豊富なのに，なぜ生活に苦しむ人が多いのか」という追究課題から，アフリカの人々の生活の様子や抱える課題の背景や根本的な原因にいかに迫れるかがカギとなります。時間に余裕があれば，さらに「私たちにできることはなんだろう」という学習課題を設定し，課題の解決策や解決に向けたプロジェクトを考えさせる活動を行うと，大変有意義になるでしょう。それこそが「学びに向かう力，人間性等」といえるかもしれません。詳しい流れは，授業案に示しました。

可能であれば，アフリカに経済支援をしているNGOなどの活動や日本企業の活動を紹介し，解決に向けた取り組みを考えさせる活動ができるとより主体的で深い学びになると思います。

2 授業案:「アフリカが抱える課題」(4時間目)

○第4時の目標(主な見方・考え方「地域」)
・アフリカが抱える課題の現状や背景を基に,追究課題について自分なりの考えをもつことができる(思考力,判断力,表現力等)

○授業展開例

		子どもの活動	指導上の留意点
導入 5分	課題把握	①アフリカの抱える課題をもう一度振り返り,整理する ②豊富な資源について振り返り,追究課題を確認する	①子どもに発言をさせ,キーワードを板書する ②豊富な資源があるにもかかわらず,生活において様々な課題を抱えていることを理解させる
		〔学習課題〕 アフリカは資源や農産物が豊富なのに,なぜ生活に苦しむ人が多いのか	
展開1 15分	課題追究	①これまでの学習を基に,アフリカが抱えるそれぞれの課題の背景や原因を各自で考える	①導入で子どもから出された課題のうち,3~5つに絞り,それぞれの背景や原因を既習事項などから考えさせる
		【予想される子どもの考え】 貧困…鉱産資源や農作物の利益をあまり得ることができない 教育…お金がないから学校へ行けない 紛争…レアメタルの利益が武装組織に行き,それで武器を購入している 衛生…貧困で,井戸などをつくることが難しい	
展開2 20分	課題追究	①展開1で共有したみんなの意見を基に追究課題について自分なりの意見を考え発表し,共有する	①それぞれの課題の背景や原因の関連性に気付かせ,それを基に最も根本的な原因を考えさせる
まとめ 10分	課題解決	①まとめ:「アフリカの抱える課題は様々な背景が関連し合って,一つ一つ解決する必要がある」 ②概念:「教育が受けられず,知識を得られず,経済発展がすすまない」 ③使用目途:「アフリカの課題は私たちの生活とつながる部分もあり,レアメタルをリサイクルするなど解決に向けできることがある」 ④「アフリカの課題を解決するために私たちに何ができるのだろう」	①どのようなことを今日は学んだ? ②それってどういうこと? ③今日学んだことはどのような時に使えるだろうか ④今後,どんなことを知りたい?

(児玉 和優)

2 B 世界の様々な地域

(2) 世界の諸地域（計5時間）

④北アメリカ
—— 日本と北アメリカの社会の違いから，異文化共生社会について考える

 単元案

【本単元の目標】 多くの人種・民族が共生する北アメリカの現状と課題について，統計地図を読み取ることや，歴史的背景を理解することで把握し，異文化共生について自分の考えをもつことができる。

授業タイトル／課題	主に働かせたい見方・考え方	身につけることの例	
		知識・技能	思考・判断・表現
1 日本と北アメリカの社会の違いから，異文化共生社会について考える〔課題〕北アメリカの社会は日本と比較すると，どのような違いがあるか	位置や分布「北アメリカの国の位置はどうなっているのか」場所「北アメリカはどんな場所だろう」	北アメリカにある国の位置がわかる 北アメリカの先住民と移民の歴史について理解する	異文化の人々とくらす際に生じる生活様式の違いについて，考えることができる 日本と，アメリカの人種・民族構成の違いを説明できる
2 北アメリカの自然と農業〔課題〕北アメリカの自然環境と人々のくらしはどのようなものか	位置や分布「北アメリカの気候・農業は，どう広がっているのか」人間と自然環境との相互依存関係「気候と農業の関わりはどのようになっているか」	主題図から，気候・農業の分布の特徴を読み取れる 気候の分布図と農業の分布図を比較し，農業と自然環境の関係を読み取れる	それぞれの地域の地形や気候から，農業の分布を説明できる
3 北アメリカの工業〔課題〕北アメリカの工業の特色はどんなものか	位置や分布「北アメリカの資源と工業地域はどのように分布しているのか」空間的相互依存作用「北アメリカの資源と工業地域はどのような関係性がある	主題図から，資源・工業地域の分布の特徴を読み取れる	それぞれの地域の資源分布から，工業地域の分布との関係性を説明できる それぞれ工業地域の位置によって，特色

		か」 場所 「工業地域の特徴はどうなっているか」		が異なっていることを説明できる
4 北アメリカの人々のくらし 〔課題〕 北アメリカの人々のくらしはどのようなものか		場所 「北アメリカの人々のくらしはどのようなものか」	自動車移動が多く，生活様式もそれに合ったものになっていることを理解する ジャズ・ロック・野球等のアメリカ発祥のスポーツを学び，それにも人種・民族が絡んでいることを理解する	
5 北アメリカの多人種・民族のくらしの現状と課題 〔課題〕 異文化共生社会で生きていくために必要なことは何か		地域 「北アメリカにはどのような地域的特色と一般的課題があるのだろう」	アメリカの，人種差別問題の概要を理解する 多文化主義について，カナダを例に理解する	異文化共生社会で生きていくうえで大切なことを，アメリカ合衆国・カナダを例に考えられる

【主体的に学習に取り組む態度】 以下のことを子どもに問い，振り返りをさせる
・「何を学びましたか（知識）」→（例）様々な人種民族が生活する，北アメリカの歴史的背景とそのくらしについて
・「何ができるようになりましたか（技能）」→（例）一般図・主題図の読み取り
・「どのような概念をつかみましたか（汎用的な概念）」→（例）様々な人種・民族・宗教の人々が共生する社会について，それぞれの生活に不平等が生じている現状があること
・「新たに知ってみたいことは何ですか（調べてみたいことは何ですか）」→（例）日本や他の地域の国々でも，人種・民族・宗教による生活の不平等は生じているかどうか調べたい
・「今回学んだことはどのような時に役立ちますか」→（例）グローバル化がすすむ現代社会で，国籍が異なる人々との関わりが増えているため，異文化共生社会について理解を深めておく必要がある

　この単元では「異文化共生社会について考える」という主題を設定しました。まず，「異文化共生社会」とは，グローバル化がすすみ，以前よりも自分とは異なる国・人種・民族・宗教の人々との関わりが増えてきている社会のことです。北アメリカは，歴史的に国家としての成立が遅く，移民が作った新大陸国であり，抱える人種・民族の問題も日本より多いといえます。北アメリカが抱える問題を学ぶことで，様々な人種・民族・宗教的背景をもつ人々とくらしていくために何が必要なのかを学んでほしいとの思いから，この主題を設定しました。
　「1　日本と北アメリカの社会の違いから，異文化共生社会について考える」での見方・考

え方は「位置や分布」「場所」になります。まずは，ヨーロッパでも触れた外国人労働者の部分を思い出させながら，異文化の人々とくらしていく中で，自分たちの生活様式と合わない部分を漠然と予想させます。そのうえで授業に入り，様々な人種・民族・宗教の人々がくらす北アメリカの難しさについて認識を強めさせます。

「2　北アメリカの自然と農業」での見方・考え方は「位置や分布」「人間と自然環境との相互依存関係」になります。大規模な北アメリカの農業は，センターピボットやフィードロット農法などの写真資料を見せながら授業すると，規模の大きさが伝わりやすくていいと思います。アメリカ農業の特徴は適地適作で，エリアがはっきり分かれています。そこで，それぞれの農業の特徴をヒントとして提示し，濃淡で分けた統計地図から，それぞれの地域で行われている農業について正しい組み合わせを考えさせると面白いと思います。

「3　北アメリカの工業」での見方・考え方は「位置や分布」「空間的相互依存作用」「場所」になります。産業構造の移り変わりによる南西部の隆盛に重点を置いて授業をします。南西部の単純労働には，メキシコから流入するヒスパニックの人々が従事し，その人件費の安さによって，商品コストが下がり国際競争力が高くなっていることを学ばせます。地図を見ればメキシコと隣接していることが一目瞭然なので，考えさせながら授業を展開していきます。

「4　北アメリカの人々のくらし」での見方・考え方は「場所」になります。本来であれば，都市生活の住み分けについてもその仕組みから授業をするべきとは思いますが，時間が足りなくなると思うので，主題図を使って簡単に読み取らせるだけでいいかと思います。アメリカ発祥の文化や生活様式は，「Yes／Noクイズ」にして，遊び感覚で紹介すると興味を引きつけられると思います。その際に，各分野で活躍する有名人を紹介するとより子どもの身近な内容になり取り組みやすくなると思います。ここで，スラム街の写真を見せておくことで，白人・黒人の居住環境の違いについても確認します。また日本でも，都市郊外に大型駐車場を備えたロードサイドの店舗が増えつつあることを確認します。

「5　北アメリカの多人種・民族のくらしの現状と課題」での見方・考え方は「地域」になります。人種・民族などの違いについて，どうお互いに認め合って生きていくのかというところを子どもに考えさせるきっかけにしたいと思います。詳しい流れは授業案で提示します。

本来であれば，公民権運動も扱いたいです。より子どもの心情に訴えかけることができると思います。ヨーロッパの時も考えさせましたが，やはり周辺諸国の人々といかに上手く付き合っていくかが今後の日本の課題だと考えています。最後の「まとめ」の「事前にニュースなどを観てそのような事例がないか探す」については，本単元の一時間目に課題として伝えておきます。子どもが新聞やニュース番組を観るきっかけにもなると思います。

2 授業案:「北アメリカの多人種・民族のくらしの現状と課題」(5時間目)

○第5時の目標(主な見方・考え方「地域」)
- アメリカの,人種差別問題の概要を理解する。多文化主義について,カナダを例に理解する(知識及び技能)
- 異文化共生社会で生きていくうえで大切なことを,アメリカ・カナダを例に考えることができる(思考力,判断力,表現力等)

○授業展開例

		子どもの活動	指導上の留意点
導入 5分	課題把握	①メジャーリーグで全員が42番をつけている写真を見て,その理由について考え,発表する	①いろいろな意見を出させる。答えが出てもすぐ終わらせずに,子どもの意見を出させる
		〔学習課題〕 異文化共生社会で生きていくために必要なことは何だろう	
展開1 14分	課題追究	・アメリカ・カナダの人種・民族について確認する ①なぜ差別が生まれるのか,どうしたら差別はなくなるのか,カナダの実例や自分の考えについて書いてまとめる	・白人・黒人・ヒスパニックで政治・経済的立場の違いは? ・カナダの多文化主義とは ①机間巡視して,困っている子どもにはアドバイスをする
展開2 16分	課題追究	①4人一組のグループを作り,時間内に考えた意見を発表したり,新たな意見を出し合ったりする。グループごとに意見をまとめて代表者が発表し,考えを共有する	①各グループを回り,出た意見によってヒントを出してやり,新たな意見を出させる ①いろいろな視点があることを確認する
まとめ 15分	課題解決	①日本で生活する中で,外国の人に対して思うこと,世の中で起きていることをまとめ,その対策や改善点について自分の考えを書く	①事前に,ニュースなどを観てそのような事例がないか探すように促しておくとよい

(鈴木 瞭)

② B 世界の様々な地域

(2) 世界の諸地域（計5時間）

⑤南アメリカ
—— アマゾンの熱帯林を保護するために，私たちの生活を変えるべき？

1 単元案

【本単元の目標】 南アメリカの熱帯雨林の開発と私たちの食生活から，経済開発と環境保護の関係を理解し，その課題に対して自分なりの考えをもつことができるようになる。

授業タイトル／課題	主に働かせたい見方・考え方	身につけることの例	
		知識・技能	思考・判断・表現
1 南アメリカをながめて〔課題〕 南アメリカの言語や人種の分布にはどのような特色が見られるのだろう	位置や分布「南アメリカの言語や人種の分布にはどのような特色が見られるのだろう」	南アメリカの言語や人種の分布を基に，多文化社会の様子や移民について理解することができる	
2 南アメリカの農業〔課題〕 南アメリカの農業と日本はどのように関連しているのだろう	場所「南アメリカの農業にはどのような特色が見られるだろう」　空間的相互依存作用「日本は南アメリカからどんな農産物を輸入しているのか」	気候条件や植民地支配などの歴史的背景から農業の特色を説明できる　グラフなどから日本が輸入する南アメリカの農産物を知ることができる	南アメリカが抱える農業の課題を考えることができる
〔追究課題〕 アマゾンの熱帯林を保護するために，私たちの生活を変えるべき？			
3 南アメリカの経済開発と熱帯林〔課題〕 南アメリカの経済開発の背景にはどのような問題があるのだろう	人間と自然環境との相互依存関係「鉱産資源や農地の開発は自然にどのような影響を与えているのだろう」	鉱産資源や農地の開発が熱帯林に与えている影響を写真から読み取ることができる	

4　アマゾンの熱帯林と私たち① 〔課題〕アマゾンの熱帯林と私たちの生活はどのようにつながっているのだろう	空間的相互依存作用 「アマゾンの熱帯林と私たちの生活はどのようにつながっているのだろう」		アマゾンの熱帯林と私たちの生活をイメージマップでつなげ，関係性を考えることができる
5　アマゾンの熱帯林と私たち② 〔課題〕アマゾンの熱帯林を保護するために，私たちの生活を変えるべき？	地域 「南アメリカにはどのような地域的特色と一般的課題があるのだろう」	環境と開発の現状や関係性を理解することができる	追究課題を基に環境と開発について自分なりの考えをもち，その意見を発表することができる

【主体的に学習に取り組む態度】　以下のことを子どもに問い，振り返りをさせる
・「何を学びましたか（知識）」→（例）ブラジルは経済発展が著しいが，開発に伴う環境破壊の問題が起きている
・「何ができるようになりましたか（技能）」→（例）複数の資料などを比較して読み取ることができるようになった
・「どのような概念をつかみましたか（汎用的な概念）」→（例）経済開発を行うことで，環境に影響を与えることがある
・「新たに知ってみたいことは何ですか（調べてみたいことは何ですか）」→（例）経済開発を行いつつ，環境を守るためにどのような取り組みが世界中でなされているのだろうか
・「今回学んだことはどのような時に役立ちますか」→（例）快適なくらしを求める一方で，環境への影響を考えて商品を選んだり，資源のリサイクルを積極的に行ったりする

　この単元では，「経済開発と環境」という主題を設定しました。南アメリカでは経済開発がすすむ一方，資源や農地の開拓のために熱帯林が伐採されていることが問題となっています。この問題は，地球の反対側の南アメリカだけの問題ではなく，チリから銅，ブラジルから大豆や肉類を輸入している日本も関わっています。そこで，アフリカの単元と同様「アマゾンの熱帯林を保護するために，私たちの生活を変えるべき？」という追究課題を設定し，私たちの生活とのつながりから南アメリカの地域的特色と課題に迫っていける授業案を考えました。
　「1　南アメリカをながめて」では，「位置や分布」を見方・考え方とし，南アメリカの多様な言語・人種の分布を主題図などから捉えさせます。主にスペインやポルトガルを中心としたヨーロッパ諸国の植民地であったこと，多くの移民がいることなどに気付かせたいです。南アメリカの地域的な特色の一つである多文化社会の様子を捉えさせるような学習活動をここで展開できるといいでしょう。
　「2　南アメリカの農業」では，「場所」と「空間的相互依存作用」が見方・考え方になります。アルゼンチンやブラジルを中心に取り上げ，植民地支配の影響（＝プランテーション）や気候から農業の特色を捉えさせます。さらに，大豆やコーヒー豆，牛肉などが森林を切り開い

て生産されている現状を理解させます。そして大豆やコーヒー豆などの日本の輸入相手国のグラフで，ブラジルから多く輸入していることがわかるでしょう。そこで，南アメリカの熱帯林と私たちの生活がつながっていることに気付かせ，「アマゾンの熱帯林を保護するために，私たちの生活を変えるべき？」という追究課題を投げかけます。この時点での追究課題に対する意見は特に「食品」に注目して考えさせると子どもは考えやすいでしょう。

　「3　南アメリカの経済開発と熱帯林」では「人間と自然環境との相互依存関係」が見方・考え方になります。まず，アマゾンの森林面積の様子がわかる写真を2枚（例：30年前と現在）提示し，変化を捉えさせます。次に，そのような変化が見られる理由を考えさせていきます。おそらく前時の活動があるので，「農地が開発されたから」という答えが出てくると思いますが，農地以外にどんな影響があるのかを南アメリカの鉱産資源の分布から捉えさせます。鉱産資源の採掘の現状と課題を伝え，銅や鉄鉱石などの日本の輸入相手国のグラフから，チリやブラジルからの輸入が多いことを捉えさせることで，南アメリカの鉱産資源と熱帯林の破壊，私たちの生活がつながっていることに気付かせたいです。また，開発に伴う都市とスラムの問題も取り上げられるといいでしょう。農地や鉱産資源の開発が熱帯林の破壊につながっていることをまとめ，次時につなげます。

熱帯林と私たちの生活のつながりを表したイメージマップ（例）

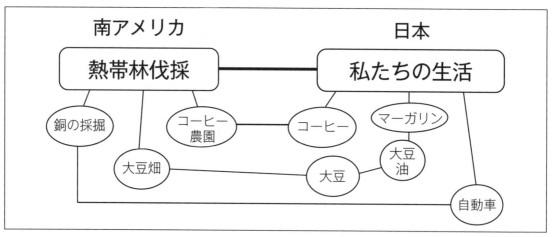

　「4　アマゾンの熱帯林と私たち①」では，「空間的相互依存作用」が見方・考え方となり，アマゾンの熱帯林と私たちの生活のつながりをまとめていきます。5時間目に追究課題をテーマに討論の活動を行うための準備の活動もしていきます。熱帯林と私たちの生活のつながりをまとめるために，イメージマップの作成が有効だと思います。輸入した資源が日本でどのように活用されているか調べる活動をするとより効果的です（例：銅→自動車／大豆→植物油→マーガリン・マヨネーズなど）。イメージマップ作成後，次時の討論に向けて追究課題に対する自分の意見を書かせるなどの準備を行います。付箋紙にも意見の要約を書かせ，集約し，子どもに配布することで多様な意見の発表を促せます。

意見集約シートのイメージ図

1年○組　南アメリカ意見集約シート

【追求課題】アマゾンの熱帯林を保護するために，私たちの生活を変えるべき？

肯定側（変えるべき）　　　　否定側（変えなくてもよい）

意見の要約　　　　　　　　　意見の要約

【変えなくてもよい】
いまの私たちの生活を維持しつつ，熱帯林の保護ができる活動をしていくことが大切だと思う。
　　　　　○組○番　○○　○○

　「5　アマゾンの熱帯林と私たち②」では，本単元のまとめとして「地域」が見方・考え方になってきます。本時では「アマゾンの熱帯林を保護するために，私たちの生活を変えるべき？」というテーマで肯定（変えるべき）側と否定（変えなくてもよい）側にグループを分け，討論活動を行います。4人程度のグループでの話し合いも可能だと思いますが，学級全体で討論する授業案を考えました。詳しい流れは，授業案に示しています。

2 授業案：「アマゾンの熱帯林と私たち」（5時間目）

○第5時の目標（主な見方・考え方「地域」）
- 南アメリカの開発と環境の現状や関係を理解することができる（知識及び技能）
- 開発と環境についての追究課題に対して自分なりの考えをもち，その意見を発表することができる（思考力，判断力，表現力等）

○授業展開例

		子どもの活動	指導上の留意点
導入 5分	課題把握	①討論の流れの確認をし，追究課題に対しての自分の考えを整理する	①前時に集約した付箋紙をコピーしたプリント（意見集約プリント）を配付し，討論の流れの説明をする座席は肯定側と否定側に分け，あらかじめ移動させておく
		〔学習課題〕 アマゾンの熱帯林を保護するために，私たちの生活を変えるべき？	
		【討論の流れ】 ①「肯定側」と「否定側」の意見をそれぞれ順に発表 ②それぞれの意見に対し，「意見」「反論」「質問」「補足」などを行う 　※必要に応じて作戦タイムを設ける ③討論を終えて，最終的な自分の考えをまとめる	
展開1 30分	課題追究	・追究課題に対して討論を行う ①「肯定側」が意見を発表する ②「否定側」が意見を発表する ③それぞれの意見に対し，「意見」「反論」「質問」「補足」などを行う	①②なかなか意見が出ない場合は「意見集約プリント」を基に教師が指名し，意見を引き出す ③活発な討論を促すため，「肯定側」や「否定側」それぞれに限定せず，「意見」「反論」「質問」「補足」をさせる（ハンドサインなどを決めておき，教師が指名順に留意する）また，意見集約プリントに書かれている意見に対しても「意見」「反論」「質問」「補足」をしてもいいことを伝える
まとめ 15分	課題解決	①討論を終えて，追究課題に対する最終的な自分の考えをまとめる	①討論の内容を踏まえ，改めて肯定か否定の段階から考えを問い直す

		②いままでの学習を踏まえ南アメリカが抱える開発と環境の現状や関係性をまとめる	②南アメリカの地域的特色と一般的共通性について意識して記述させる

　討論については多様な方法や賛否があると思います。時間的制約もあります。しかし，なかなか意見を発表できない子どもも他の意見を聞くことで考えが深まるはずです。この単元は私たちの生活のあり方を考えることで「学びに向かう力」が育てられる教材ではないでしょうか。
　下は，ある学級で行った実際の討論の一部の内容です。

C1（肯）：熱帯林破壊が温暖化につながる
C2（肯）：一人ひとりが心掛ければ少しでも破壊を抑えられる
C3（否）：人間は鉄などを必要としているからなかなか（開発を）抑えるのは難しい
C4（否）：スマホやパソコンがない生活には耐えられない！
C1（肯）：二酸化炭素の増加は命に関わるかもしれない！
C4（否）：人間の技術も進歩する必要があるから開発はする必要がある

※（肯）変えるべき派　（否）変えなくてもよい派

　「人間は鉄などを必要としているからなかなか（開発を）抑えるのは難しい」「スマホやパソコンがない生活には耐えられない！」のような「変えなくてもよい」派の意見にもあるように，現代において開発や技術の進歩を遅らせ，生活の質を落とすことはかなり難しいと思います。この討論を進めていく中で，「人間の技術も進歩する必要があるから開発はする必要がある」という意見が出たように，子どももそのことに気付きました。
　しかし，「熱帯林破壊が温暖化につながる」「一人ひとりが心掛ければ少しでも破壊を抑えられる」といった「変えるべき」派の意見にもあるように環境を守ることも持続可能な社会の実現に向けては不可欠であることも事実です。
　このように「環境保護」と「開発」の関係性を討論でおさえ，「私たちはどのようなことを心掛けて生活していくべきだろう」と問い掛けると，さらなる学びへとつながってきます。この学級では，この討論のあとに，具体的なプロジェクトを一人ひとりが考えました。
　プロジェクトは南アメリカ目線で考えるのではなく，日本に住む私たちができることを考えていくことで，実際に行動に移そうという意欲が高まり，社会に参画しようとする態度が育つことも期待できます。
　このように地理的な見方・考え方を育てる授業を通して，これからの私たちの生活のあり方を考えていくことが中学校社会科全体の目標である「社会の形成者に必要な公民としての資質・能力の基礎を養う」ことにつながっていくのではないかと考えます。

(児玉　和優)

❷ B 世界の様々な地域

(2) 世界の諸地域（計4時間）

⑥オセアニア
── オセアニアとアジアの関係はどうなっていくのだろう

1 単元案

【本単元の目標】 アジアと結びつきを強めるオセアニア諸国について，オーストラリアとニュージーランドを例に，その経済的・地理的要因について考察し，理解することができる。

授業タイトル／課題	主に働かせたい見方・考え方	身につけることの例	
		知識・技能	思考・判断・表現
1　白豪主義と多文化主義 〔課題〕 オセアニアがアジアと結びつきを強めた理由は何か	位置や分布 「オセアニアの国の位置はどうなっているのか」 場所 「オセアニアはどのような場所だろう」	オセアニアにある国の位置がわかる 白豪主義とはどういうものか理解する	なぜオセアニアがアジアと結びつきを強めているのか予想することができる
2　自然豊かなオセアニアのくらし 〔課題〕 オセアニアの自然環境とくらしはどのようなものか	場所 「オセアニアはどのような場所だろう」	オセアニアの人々の生活環境について，資料から理解することができる	オセアニアの島々と他の地域の島々では，植生やくらしなどに違いがあることを説明することができる
3　先住民とオーストラリア・ニュージーランドの人々のくらし 〔課題〕 オーストラリアとニュージーランドはどのように成立した国家だろう	空間的相互依存作用 「オーストラリアへの移民はどこからきているか」 位置や分布 「農業地域は，どのように広がっているのか」 「人口はどのように分布しているのか」	オーストラリアの歴史から，現在の人口構成について理解する 自然の豊かさによる観光客の多さと，環境破壊の現状について理解する	北アメリカの授業を振り返り，多文化主義について説明することができる

		人間と自然環境との相互依存関係 「観光業と自然の関わりはどのようになっているか」		
4 アジアと結びつきを強めるオセアニアの現状 〔課題〕 オセアニアとアジアの関係はどうなっていくのだろう		空間的相互依存作用 「オセアニアとアジアとのつながりはどうなっているか」 地域 「オセアニアにはどのような地域的特色と一般的課題があるのだろう」	オセアニアとアジアの結びつきについて把握する	白豪主義を撤廃した理由について，経済的要因・地理的要因を踏まえて説明することができる

【主体的に学習に取り組む態度】 以下のことを子どもに問い，振り返りをさせる
・「何を学びましたか（知識）」→（例）自然豊かな島々のくらし，先住民，白豪主義と多文化主義
・「何ができるようになりましたか（技能）」→（例）一般図・主題図の読み取り
・「どのような概念をつかみましたか（汎用的な概念）」→（例）白豪主義を撤廃せざるを得ない理由が，経済的・地理的要因によるものであること
・「新たに知ってみたいことは何ですか（調べてみたいことは何ですか）」→（例）結びつきを強めるオセアニアとアジアの現状について知りたい
・「今回学んだことはどのような時に役立ちますか」→（例）距離的に近いオセアニアとのつながりは今後も強くなることが考えられるため，そのつながりについて知りたいと思うようになる

　この単元では，オーストラリアが白豪主義を撤廃し，多文化主義に移行した背景について学習します。世論の高まりが一因ではあるものの，地理的・経済的にアジアと結びつきを強めなくてはならなかった事情について学習します。人種・民族問題を扱うこれまでの学習では，子どもの心情，主に道徳心に訴えるものが多かったと思います。この単元を学習することで，人種・民族問題にも別の視点があることに気付かせ，子どもが物事を多面的・多角的に考えられるようにしていきたいです。
　「1 白豪主義と多文化主義」での見方・考え方は「位置や分布」「場所」になります。
　まず白豪主義撤廃の理由について，予想させます。北アメリカで黒人差別の話があったばかりの授業になるので，地理的・経済的な視点で子どもが予想してこないだろうというところに面白さがあると思います。
　「2 自然豊かなオセアニアのくらし」での見方・考え方は「場所」になります。自然が美しいオセアニアについて，写真資料をたくさん使って，その魅力を紹介しながら授業をしていきます。詳しい流れは授業案で提示します。
　「3 先住民とオーストラリア・ニュージーランドの人々のくらし」での見方・考え方は「空間的相互依存作用」「位置や分布」「人間と自然環境との相互依存関係」です。様々な人がくらす新大陸諸国であるオーストラリア，ニュージーランドについて，移民が様々な地域からきていることや，マオリ，アボリジニなどの先住民の様子など，人種・民族に重点をおいて授

業をしていきます。

　「4　アジアと結びつきを強めるオセアニアの現状」での見方・考え方は「空間的相互依存作用」「地域」になります。主目的である，地理的・経済的要因から白豪主義の撤廃に至ったことをまとめさせ，多文化主義政策について，しっかり確認したいです。

　本来地理学習の醍醐味は現地に行くことだと思っていますが，なかなか，学校の近所に出かけていくことすら難しいのが現実だと思います。したがって，授業内容的にチャンスがあれば，できるだけ授業中に疑似旅行のようなものをさせたいです。写真資料を使って学べる分野は，多くの写真を使い，文字を少なめにして授業をすすめていきます。標高や固有種の部分はハードルが高いかもしれませんが，間違えることで記憶に残ることもあるとは思います。火山分布は異なるプレート同士が収束する境界になっていることも簡単に確認して，地形の単元にもつなげるといいでしょう。

2 授業案：「自然豊かなオセアニアのくらし」（2時間目）

○第2時の目標（主な見方・考え方「場所」）
・オセアニアの人々の生活環境について，資料から理解することができる（知識及び技能）
・オセアニアの島々と他の地域の島々では，植生や衣食住に違いがあることを説明することができる（思考力，判断力，表現力等）

○授業展開例

		子どもの活動	指導上の留意点
導入 5分	課題把握	①オセアニアの島々のくらしのイメージについて意見を出させる	①この段階で正解・不正解を出させることはせず，多様な意見を求める
		〔学習課題〕 オセアニアの自然環境とくらしはどのようなものか	
展開1 20分	課題追究	①二つの写真を見せ，どちらがオセアニアなのか考え，理由も書かせる ②アイスランド島とニューカレドニア島を提示し，サンゴ礁の有無・植生の違いなどに気付き，気候の違いを確認する ③フィリピン（ミンダナオ島）とフィジーを提示し，人種・民族の違いを確認する ④モルディブとポリネシア・ボラボラ島を提示し，標高の違いから火山島かそうでないか確認する ⑤バリ島とニュージーランドを提示し，それぞれ鳥が映っているものを選び固有種キーウィの存在と，熱帯気候以外の島があることに気付かせる	①それぞれ使っている国と地域はヒントとして伝えておく ③手許に資料はなかなかないと思うが，インターネットでフィリピン，フィジーの人々の写真は入手できる ④火山の分布の規則性は簡単に最後に確認する ⑤子どもにとっては，オセアニアの島は南国（暑い国）のイメージが強いと考え，温帯の島もあることを確認しておく
展開2 20分	課題追究	①自分と隣の答えが同じか確認し，もう一度スライドを見せて話し合わせ，最終的な解答を書かせる ②答え合わせをして，自然環境，くらしについて確認する	①机間巡視をして，話し合いを促していく ②自然環境とくらしのつながりを重視する
まとめ 5分	課題解決	①オセアニアの自然環境とくらしの特徴について，隣の人に説明し，最後に代表1人に発表させる	①気候の違いや人種の違いによるもの，火山の有無，オセアニアの固有種についてであることを確認する

（鈴木 瞭）

3 C 日本の様々な地域

(1) 地域調査の手法（計10時間）

地理的な技能を身につける地域調査

1 学習指導要領での位置付け

　大項目「C　日本の様々な地域」は，大項目「A　世界と日本の地域構成」及び大項目「B　世界の様々な地域」での学習を踏まえ，日本及び日本の諸地域の地域的特色を捉える学習を通して，我が国の国土に関する地理的認識を深めることをねらいとしています。

　このねらいを達成するために，「(1)　地域調査の手法」「(2)　日本の地域的特色と地域区分」「(3)　日本の諸地域」「(4)　地域の在り方」の4つの中項目に分けています。

　中項目「(1)　地域調査の手法」は，場所などに関わる視点に着目して，地域調査の手法やその結果を多面的・多角的に考察し，表現する力を育成することを主なねらいとしています。

　平成29年版学習指導要領では，中項目「(1)　地域調査の手法」で身につけるべき，知識及び技能や思考力，判断力，表現力等は以下のようになっています。

ア　次のような知識及び技能を身に付けること。
　(ア)　観察や野外調査，文献調査を行う際の視点や方法，地理的なまとめ方の基礎を理解すること。（補足：視点としては，観察対象の焦点化や野外調査方法の吟味，文献資料の収集などの視点を意味し，方法としては，観察や野外調査，地図や統計，景観写真，市町村要覧，市町村史などの資料を活用する文献調査などの方法を意味している。また，地理的なまとめ方については，「様々な資料を的確に読み取ったり，地図を有効に活用して事象を説明したりするなどの作業的な学習活動を取り入れること」（内容の取扱い）とあるように，地域調査の結果を地図や図表，写真などを取り入れるなどして表現することを意味している）
　(イ)　地形図や主題図の読図，目的や用途に適した地図の作成などの地理的技能を身に付けること。（補足：地理的技能を身に付けることについては，地形図や主題図などの様々な資料から，地域で見られる事象や特色など必要な情報を的確に読み取る技能や，地域で見られる事象を地図や図表，グラフなどに表現する技能を中心に，歴史的分野や他教科等で身に付けた技能の活用も視野に，地域調査の手法として身に付けることを意味している）

イ 次のような思考力，判断力，表現力等を身に付けること。
(ア) 地域調査において，対象となる場所の特徴などに着目して，適切な主題や調査，まとめとなるように，調査の手法やその結果を多面的・多角的に考察し，表現すること。（補足：主題を設定し，調査の対象となる地理的な事象を見出し，調査に基づき資料を作るといった活動を通して，調査の適切な手順や方法を考察できるようにすることと，そうした調査の結果を適切な方法で表現できるようにすることを意味している。また，位置や空間的な広がりなどとの関わりで捉える地理的な事象に関する地域の特徴を扱い，地方財政などの公民的分野の学習内容に関する地域の課題とは別して扱うことが必要である）

2 単元案・授業案

①単元案

【本単元の目標】 この単元では，身近な地域の調査を通して，地形図の見方，調査の視点や方法，まとめ方などの地理的技能を身につけることを目標とする。

中項目「(1) 地域調査の手法」について，以下のように単元案を考えてみました。これまで地域調査については，「世界の様々な地域の調査」や「身近な地域の調査」という，対象地域によって異なる2つの中項目からなっていました。今回の改訂で内容構成が見直され，子どもの生活舞台を主要な対象地域とした，観察や野外調査，文献調査などの実施方法を学ぶ「地域調査の手法」と，地域の将来像を構想する「地域の在り方」の2つの中項目に分け，再構成することとなりました。対象地域のスケールの違いによって項目を分けるのではなく，技能の習得を中心とする学習と，地域の地理的な課題の解決を中心とする学習との目的の違いによって項目を分けることで，学習のねらいを明確にし，その確実な実施を意図したものです。中項目「(1) 地域調査の手法」では，地理的技能を身につけることを中心に単元案を考えてみました。

授業タイトル／課題	主に働かせたい見方・考え方	身につけることの例	
		知識・技能	思考・判断・表現
1 私たちの町はどんな町〔課題〕 身近な地域を調べるには，どのような視点や方法，すすめ方があるだろうか	位置や分布「私たちの町は，どこにあるだろうか」場所「私たちの町は，どのような町だろうか」	地域調査における視点や方法を知る　地域調査の全体的な見通しを立てることができる	

2 地形図の見方を知ろう① 〔課題〕同じ場所を表す地形図に種類があるのはどうしてだろうか	位置や分布 「私たちの町は，どこにあるだろうか」 「学校から自分の家まではどれぐらいの距離があるだろうか」	縮尺による地形図上の長さから，実際の距離を出すことができる 縮尺が変わると，表現される地域の情報が変わることを理解することができる	
3 地形図の見方を知ろう② 〔課題〕地形図には，どのような表現上のきまりがあるのだろうか	位置や分布 「私たちの町は，どれぐらいの高さのところにあるのだろうか」 場所 「私たちの町は，どのようなところがあるだろうか」	等高線から標高を読み取ることができる 主な地図記号を読み取り，使うことができる	
4 調査の計画を立てよう① 〔課題〕地形図から読み取ったことから，調査するテーマをきめよう	場所 「私たちの町は，どのような町だろうか」	調査するテーマを決めることができる テーマに合った，調査方法をきめることができる	
5 調査の計画を立てよう② 〔課題〕グループで話し合って，調査計画書をまとめよう	場所 「私たちの町は，どのような町だろうか」	調査したいことと方法を調査計画書にまとめることができる	
6 地域調査に出かけよう 〔課題〕グループで調査しよう	場所 「私たちの町は，どのような町だろうか」	調査計画書を基にして調査することができる	
7 調査したことをまとめよう① 〔課題〕資料を整理して，分析をしよう	位置や分布 「どこにあるのだろうか」 「どのように広がっているのだろうか」 場所 「どのようなところだろうか」 人間と自然環境との相互依存関係 「自然からどのような影響を受けているだろうか」	調査したことをまとめることができる 位置や分布 愛知県三河平野の南西部に位置しており，東は安城市，西は半田市，南は碧南市，北は刈谷市に接している	

8 調査したことをまとめよう② 〔課題〕結果をまとめて,発表の方法をきめよう	位置や分布 「どこにあるのだろうか」 「どのように広がっているのだろうか」 場所 「どのようなところだろうか」 人間と自然環境との相互依存関係 「自然からどのような影響を受けているだろうか」	面積は,13.11km²であり,県内の中でも狭い市である 市役所周辺の標高は16mある 場所 窯業が盛んで,瓦をテーマにした高浜市やきものの里かわら美術館がある 人間と自然…… 良質な粘土が取れ,三州瓦が有名	位置や分布 地図を模造紙に描くデータを載せる 場所 窯業の写真,美術館の写真を載せる 人間と自然…… 三州瓦の写真,働いている人の声を載せる
9・10 発表会を開こう 〔課題〕自分たちが調べてきたことを発表しよう	地域 「私たちの町はどのような特徴があるのだろうか」		自分たちがまとめたことと,他のグループの発表を聞いて,自分たちの町がどのような町であるか捉え,まとめることができる

【主体的に学習に取り組む態度】 以下のことを子どもに問い,振り返りをさせる
・「何を学びましたか(知識)」→(例)地域調査の視点と方法(等高線・縮尺・方角・地図記号)
・「何ができるようになりましたか(技能)」→(例)地域調査をすることができるようになった。等高線の読み方や縮尺の使い方がわかった
・「どのような概念をつかみましたか」→(例)地理では,実際に足を運んで調査することが重要であること。地図記号を使うと簡単に表現できること。高さを表す工夫として等高線があること。縮尺が変わると表現される地域の情報が変わること
・「新たに知ってみたいことは何ですか(調べてみたいことは何ですか)」→(例)自分たちの町だけでなく,他の場所も調べてみたい
・「今回学んだことはどのような時に役立ちますか」→自分で調べてみたいと思った時に,地図を見て土地利用がわかると思う

「1 私たちの町はどんな町」では,小学校の時にも学習した地域調査を思い出しながら,私たちの町が日本のどこにあるのか,どのような町であるかについて話し合いをします。小学校の時に簡単な地図記号や等高線については学習してあるので,それらについて思い出していきます。ここでの見方・考え方は「位置や分布」や「場所」になります。私たちの町が日本や都道府県の中でどこに位置しているのか,私たちの町にはどのような特徴があるのかなどについて話し合っていきます。また,地域調査を通して,地理的技能を習得することが本単元の目標であるので,地域調査における視点や方法,すすめ方についても本時で確認します。「私た

ちの町」について話し合って出てきたことの中から，「自然環境」「土地利用」「集落や住宅の分布」「商店」「鉄道や道路」「歴史的な建物や史跡」などの地域調査における主な視点を見出せるとよいです。また，地域調査の全体的な見通しがもてるように，今後の学習のすすめ方を確認することも必要です。例えば，「地形図を使って地域の様子を読み取る」「調査のテーマを決める」「地域調査に出かける」「調査してきたことを整理・分析する」「調査結果をまとめて発表する」「レポートの作成」などの順に学習をすすめていくとよいでしょう。

「2　地形図の見方を知ろう①」では，自分たちの町の地形図を使って，地形図の見方を学習していきます。2万5千分の1の地形図を使って，学校や自分の家の周りの様子を確認します。縮尺による地形図上の長さと実際の距離の関係について調べるために，2つの地点の距離を導き出す活動をします。実践する地域によって調べる場所が異なってきますが，例えば学校と駅，公園と自宅などといった子どもの身近な生活に合った2つの地点間の距離を出すとよいでしょう。ここでの見方・考え方は「位置や分布」になります。2つの地点間の距離だけでなく，方位（16方位）をつけ加えて位置を表すことができるようになるとよいです。次に，縮尺の違う地形図（5万分の1，1万分の1）や地勢図（20万分の1）を提示し，縮尺の違いを考えます。縮尺が変わると，表現される地域の情報量も変わってきます。1万分の1の地形図では，建物やその形状，地名などが確認できます。20万分の1の地勢図では，山や川などのより広い範囲の地形や周りの町の位置，道路や鉄道などの交通網の広がりなどを確認することができます。このように，縮尺の違う地形図や地勢図を見比べることで，調査の目的に合わせて地形図・地勢図を使用することの大切さに気付くことができます。

「3　地形図の見方を知ろう②」では，地形図の表現上のきまりである等高線や地図記号について学習していきます。どちらも小学校の学習で基本的なことは学んでいます。思い出しながら学習を進めていきます。自分たちの町の地形図を使って，自分たちの町がどれぐらいの高さのところにあるのかについて調べます。また，土地利用や施設の建物，道路や鉄道などについては，地図記号で調べます。取り扱う町の地形図だけでは，標高がほとんど同じであったり，土地利用が似ていたりしていた場合は，違う町の地形図と比較することで，自分たちの町の特徴を見出しやすくなります。斜面が急になっている場所や，扇状地などの地形図を使って断面図を書かせることで，等高線と土地利用の違いに気付くことができます。ここでの見方・考え方は「位置や分布」「場所」になります。

「4　調査の計画を立てよう①」では，地形図から読み取ったことを基にして，調査テーマをきめていきます。平成29年版学習指導要領解説社会編には，主題の設定に関して「適切な主題については，位置や空間的な広がりなどとの関わりで捉える地理的な事象に関する地域の特徴を扱い，地方財政などの公民的分野の学習内容に関する地域の課題とは区別して扱うこととする」と書かれています。今回の改訂で，地域調査の手法を学ばせる本単元と地域の将来について考えさせる「地域の在り方」の単元を区別する必要があります。ここでは，子どもの生活

舞台を主要な対象地域とした，観察や野外調査，文献調査などの実施方法を学ぶ方に重点をおいて，主題を設定しましょう。また，どのような方法で調べることができるかについても考える必要があります。例えば，地形や気候の特色，年齢構成や住宅地の開発，自然災害や防災，商店街や工場の分布，主な道路と鉄道の広がりなどについてのテーマを取り扱うことができるでしょう。

「5 調査の計画を立てよう②」では，似た調査テーマを選んだ子ども同士でグループを作り，調査計画書を作成していきます。調査計画書には，「テーマ」「調べたいこと」「必要な資料や情報」などを書きます。何について調べたいのか，その目的についてははっきりとさせておく必要があります。また，地理的技能の中には入りませんが，グループを作り，誰がどの視点から調べてくるかについて分担する場を設けるようにします。これは，様々な視点から社会的事象を見ることができるようになる社会科における見方・考え方に当てはまります。また，調べる方法についても，全員がインターネットを使って調べることにならないよう，様々な方法で調べることを基本とします。これらのことをグループで話し合うことで，様々な視点から物事を見る考え方を身につけていくことができます。

「6 地域調査に出かけよう」では，実際に決定したテーマに合わせた地域調査に出かけます。ここでの見方・考え方は「場所」になります。学校周辺の地域調査に出かける時には，安全面に注意しなければなりません。他の職員や地域の人の協力を得るなど事前の準備が必要になってきます。円滑に進めるためには，年間計画に明確に位置付けることが大切です。また，授業時間内に地域調査に出かける時間を設定することが難しい場合も考えられます。そのような場合は，長期休業の期間などを利用し，子どもが自分で調査することができるようにします。

「7 調査したことをまとめよう①」「8 調査したことをまとめよう②」では，子どもたちが調査して集めてきた資料や情報を整理していきます。その際，調べてきたことを地図やグラフ，図表などに表していきます。作成した資料をグループで読み取り，資料を組み合わせたり，比較したりすることで，分析をしていきます。ここでの見方・考え方は今までと同様に「位置や分布」と「場所」になりますが，分析した結果「人間と自然環境との相互依存関係」が出てくることがあります。

次に，そのまとまった結果をどのように発表していくかについても話し合っていきます。ここで，発表会での役割分担を決めることが大切です。

「9・10 発表会を開こう」では，発表会を行います。自分たちの発表だけでなく，他のグループの発表を聞いて，新たにわかったことや疑問に思ったことをメモしながら聞いていきます。異なる班の発表を聞くことで，同じ地域の見方・考え方が変わってきます。それを踏まえて，最後のまとめをするとよいでしょう。調査の際にお世話になった方にきていただけるのであれば，自分たちの発表内容について意見を伺うとよいです。

②授業案:「地形図の見方を知ろう①」(2時間目)

○第2時の目標(主な見方・考え方「位置・分布」)

・実際の距離を求めたり,縮尺の違う地形図を見比べたりすることを通して,縮尺が変わると,表現される地域の情報も変わってくることを理解することができる(知識及び技能)

○授業展開例

		子どもの活動	指導上の留意点
導入 10分	課題把握	①自分たちの町の地形図や空中写真を見て,学校や家の周りの様子を確認する ②縮尺の違う地形図を見比べる →同じ場所の地形図だが,示されている範囲が違っていることに気付く	①2万5千分の1の地形図を使う 空中写真を使う ②20万分の1の地勢図,5万分の1の地形図,1万分の1の地形図を使う。子どもの気付きから課題を設定する
		〔学習課題〕 同じ場所を表す地形図に種類があるのはどうしてだろうか	
展開1 15分	課題追究	①縮尺について知る ②2万5千分の1と5万分の1の地形図を使って,地形図上の長さと実際の距離の関係について知る →2万5千分の1の地形図 　1cm×25,000=25,000cm=250m 　5万分の1の地形図 　1cm×50,000=50,000cm=500m ③2点間の距離を求める →学校と家の間の距離 　8cm×25,000=200,000cm=2km 　4cm×50,000=200,000cm=2km 　どちらも実際の距離は同じ ④方位を使って,位置を表す	①②2万5千分の1と5万分の1の地形図を使う ③子どもにとって身近な生活に関わる2点間の距離を求めるようにする 2万5千分の1と5万分の1の両方の地形図で求められるとよい ④16方位の確認をする
展開2 15分	課題追究	①4つの地形図・地勢図を見比べて,表現される地域の情報に違いがあるか探す ②地形図・地勢図を見比べて気付いたことを発表する →1万分の1の地形図:建物の形状や地名 　20万分の1の地勢図:山や川などの広い範囲の地形や周りの市町村	①導入で使った20万分の1の地勢図,5万分の1の地形図,1万分の1の地形図を使う ②共通している点と,異なっている点に分けて発表するようにする

		の位置，主な交通網の広がり ③調査する目的に合わせて，適切な地図を利用することを理解する	③教員が教えるのではなく，子どもからこの考えが出るようにしたい
まとめ 10分	課題解決	①本時の課題について考え直す →地形図それぞれ，縮尺が違っていて，表現される情報が変わってくる 　目的に合わせて，使い分けることが必要 　調査する内容によって，使うとよい地形図が変わってきそう	①本時の課題「同じ場所を表す地形図に種類があるのはどうしてだろうか」を聞く 「今日学んだことはどのような時に使えるだろうか」を聞く

　地形図の見方を学ぶ時間です。実際の距離を求めたり，縮尺の違う地形図を見比べたりすることを通して，縮尺が変わると，表現される地域の情報も変わってくることを理解することができるようになるとよいです。

(浜下 洋之)

3 C 日本の様々な地域

(2) 日本の地域的特色と地域区分（計3時間）

①自然環境
――世界から見た日本の気候や地形の特色は何か

単元案

【本単元の目標】
　世界的視野から見て，日本の地形や気候の特徴を捉えることができる。

授業タイトル／課題	主に働かせたい見方・考え方	身につけることの例	
		知識・技能	思考・判断・表現
1　世界の地形をながめて〔課題〕世界の火山帯はどのように分布しているのだろう	位置や分布 「日本はどちらの造山帯に位置しているか」「火山帯はどこに位置するだろうか」	世界の火山帯の分布や日本の特色に着目し理解することができる	造山帯に所属していると，地震や活火山が多くなることを説明することができる
2　日本の気候区分〔課題〕日本の温帯は世界から見るとどのような気候なのだろう	位置や分布 「どのような特色をもった気候なのだろうか」「なぜ日本の温帯の中でも，様々な温帯が見られるのだろう」	世界から見ると，日本が属する温帯は，どのような気候なのか理解することができる。日本の温帯は，様々な種類の温帯があることに気付く	温帯の中にも様々なものがあることを，理由をあげて説明することができる
3　日本の川と平地〔課題〕日本の地形と気候にはどのような関わりがあるのだろうか	位置や分布 「川や平地はどこに位置するだろうか」	日本のおもな山脈，河川，平野の様子や特色に着目し，世界の地形と比較するとともに，特徴を捉えることができる	太平洋側と日本海側，内陸と沿岸の気候の特色を地形や季節風と関連させて説明できる

【主体的に学習に取り組む態度】　以下のことを子どもに問い，振り返りをさせる
・「何を学びましたか（知識）」→（例）アルプス・ヒマラヤ造山帯，日本アルプス，環太平洋造山帯
・「何ができるようになりましたか（技能）」→（例）資料「日本と世界の川の比較」を読み取ること

- ができるようになった
- 「どのような概念をつかみましたか（汎用的な概念）」→（例）日本は火山国であることから山がちな国で川も急であり，その川によって平野が作られている
- 「新たに知ってみたいことは何ですか（調べてみたいことは何ですか）」→（例）温帯にある国を他にも調べてみたい
- 「今回学んだことはどのような時に役立ちますか」→（例）日本は，地震や火山が多いため，自然災害の影響が大きいそのことを理解して生活していきたい

　この単元では，日本の自然環境の特色や課題について学習します。

　「1　世界の地形をながめて」での見方・考え方は「位置や分布」です。例えば，まず白地図にアルプス・ヒマラヤ造山帯と環太平洋造山帯を記入し，日本がどちらの造山帯に属しているのかを理解させます。そして，日本は地震や活火山が多いことを「おもな地震の震源と火山帯の分布」資料から読み取らせます。

　「世界の火山帯はどのように分布しているのだろう」と問い，日本に火山や地震が多いのは，環太平洋造山帯に所属しているからや，オーストラリアは地震や火山が少ないけれど，環太平洋造山帯にあるニュージーランドは多いだろうという意見を子どもから引き出します。そうすることによって，造山帯に所属していると，どのような自然環境になるのかを理解させます。

　「2　日本の気候区分」の見方・考え方は「位置や分布」です。例えば，まず世界の異なる気候に住む人たちの変化に気付かせます。また，温帯の中でも，様々な種類の温帯が見られることを写真から読み取ることができるようにしておきます。「世界の気候分布図」と「世界各都市雨温図」を使って，「日本の温帯は世界から見るとどのような気候なのだろう」と問い，「日本は中緯度だから，温帯に属している」「日本は季節風の影響を受けやすく，降水量も多い」「雨温図を見ると，各都市の自然の様子がよくわかる」などの意見を子どもから引き出します。そして，日本と同じ気候の国はどんな国があるかを読み取れるように，同じ気候が同緯度に多いことを理解させます。そうすることによって，日本が属する温帯の気候を，緯度の視点から考えることができるようになります。

　「3　日本の川と平地」の見方・考え方は「位置・分布」です。これは授業案で説明しますが，例えば，白地図に日本の河川，山脈，山地，平野，海流の名称を記入することで，「日本の地形と気候にはどのような関わりがあるのだろうか」と問い，平野は海岸線に多く，大きな川が流れていることや，山脈や季節風の関係で，太平洋側と日本海側，内陸と沿岸で降水量の変化があるという意見を子どもから引き出します。そのうえで，台風の被害をまとめた資料[1]を提示し，自然災害の影響も受けやすいことを把握させます。

2 授業案:「日本の川と平地」(3時間目)

○本時の目標(主な見方・考え方「位置や分布」)
- 日本の主な山脈,河川,平野の様子や特色に着目し,世界の地形と比較して,日本の主な山脈,河川,平野の様子の特色を理解することができる(知識及び技能)
- 太平洋側と日本海側,内陸と沿岸の気候の特色を地形や季節風と関連させて説明できる(思考力,判断力,表現力等)

○授業展開例

		子どもの活動	指導上の留意点
導入 5分	課題把握	①白地図にフォッサマグナを記入し,気付いたことを書き,本時の課題をつくる ・日本は3,000m級の山脈が多い。南北に連なっている山脈が多く,自然にどんな影響を与えているのだろう	①白地図の中に地形と気候の特色を書き込むようにする
		〔学習課題〕 日本の地形と気候にはどのような関わりがあるのだろうか	
展開1 20分	課題追究	①日本の地形の特色を話し合う ・平野は海岸線に多く,大きな川が近くに流れているよ ・川の長さは,世界の川に比べると,急流で短くなっているな ・リアス海岸など,特色ある海岸線があるけど,津波の影響を強く受けそうだ ②日本の地形を参考にして,太平洋側と日本海側での気候の違いについて話し合う	①できるだけ,資料を提供し,多方面から考えられるように配慮する ②どのような気候の特色があるかを理解できるように,雨温図の降水量の違いに着目できるようにする
展開2 20分	課題追究	①台風の被害をまとめた資料を提示し,自然災害の影響も受けやすいことを確認する ・最近では短時間に狭い範囲で非常に激しく降る雨があるよ	①台風被害の資料を提供する際雨台風や風台風のように特徴あることに気づかせられたらよい
まとめ 5分	課題解決	①学習課題に対するまとめを書く ・日本は山がちだと思っていたけど,季節風と関わると,日本各地に降水量や気温など与えていることがわか	①太平洋側と日本海側,内陸と沿岸の気候の特色を地形や季節風と関連させて理解する

| | | った
・河川や平野など，世界と比べても日本の自然環境は特色のある環境であることがわかった | |

　上記のような授業展開で，世界と比べて日本の地形と気候にはどのような関わりがあるのかを考えることにより，日本の地形（位置）は台風の被害を受けやすいことや，日本の気候は季節風の影響で変化することを理解させます。そして，複数の資料の根拠を基にして自分の考えをまとめさせます。

(伊澤　直人)

【註】
1）「災害をもたらした台風・大雨・地震・火山噴火等の自然現象のとりまとめ資料」
　（https://www.jma.go.jp/jma/kishou/know/saigai_link.html）2020年6月14日最終閲覧

3 C 日本の様々な地域

（2） 日本の地域的特色と地域区分（計2時間）

②人口
—— 日本が抱える人口問題は何か

1 単元案

【本単元の目標】
　日本の人口構成や人口分布が大きく偏っており，世界と比べて短期間に少子高齢化が進んでいることや過疎・過密問題といった課題を抱えていることを理解することができる。

授業タイトル／課題	主に働かせたい見方・考え方	身につけることの例	
		知識・技能	思考・判断・表現
1　日本の人口構成 〔課題〕　日本の人口は今後どうなっていくだろうか	地域 「世界と比べて日本の人口構成はどのような特色があるのだろうか」	人口ピラミッドの変化を読み取り，世界と比べて日本は短期間に少子高齢化が進んでいることを理解する	日本全体の人口ピラミッドと，自分の住む地域の人口ピラミッドを比較し，人口構成における地域の特色を考える
2　過疎・過密問題 〔課題〕　日本の人口分布にはどのような特徴があるのだろうか	位置や分布 「日本の人口はどこに多く分布しているか」 「なぜ大都市に人口が集中するのだろうか」	人口分布図を読み取り，人口が平野部に集中していることや，山間部などは人口が少ないことを理解する	過疎・過密によってどのような問題が生じるか考える

【主体的に学習に取り組む態度】　以下のことを子どもに問い，振り返りをさせる
・「何を学びましたか（知識）」→（例）人口ピラミッド，少子高齢化，過疎・過密問題，三大都市圏
・「何ができるようになりましたか（技能）」→（例）人口ピラミッドを読み取ることができるようになった
・「どのような概念をつかみましたか（汎用的な概念）」→（例）人口の増減や過疎・過密は，社会に大きな影響を与えている
・「新たに知ってみたいことは何ですか（調べてみたいことは何ですか）」→（例）他地域の人口ピラミッドを調べてみたい。人口が集中する要因は他にどんなことがあるのだろうか
・「今回学んだことはどのような時に役立ちますか」→（例）将来大都市でくらす時には，過密によって様々な問題があることを理解したうえで生活したい

この単元では，人口ピラミッドや人口分布図の読み取りを通して日本が抱える人口問題について学習します。
　「1　日本の人口構成」での見方・考え方は「地域」です。最初に富士山型，つりがね型，つぼ型の3つの人口ピラミッドの読み取りをさせます。この学習活動によって，発展途上国では富士山型で人口が増大することや，先進工業国ではつりがね型が見られること，日本では少子高齢化が進んだつぼ型の人口ピラミッドが見られることを理解させます。また，「高齢者人口の割合の国際比較」の資料[1]や「主な国の出生率と死亡率の変化」の資料から，日本が世界の国と比べて短期間に高齢化が進んでいることをつかませます。

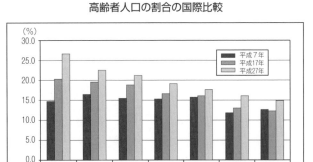
高齢者人口の割合の国際比較

次に，日本の人口ピラミッドと，自分の住む身近な地域の人口ピラミッドと比較させます。身近な地域の人口ピラミッドを子どもに提示する際，ウェブの地域経済分析システム（RESAS　https://resas.go.jp）を用います。RESASでは，市町村単位で過去，現在，未来の人口ピラミッドを簡単に作成することができます。日本全体の人口ピラミッドと自分の住む地域の人口ピラミッドを比較させることにより，身近な地域は少子高齢化がどの程度進んでいるかなど，人口構成における身近な地域の特色を考えさせます。また，30年後の身近な地域の人口ピラミッドはどうなっているかを予想させ，人口ピラミッドを作成させたうえで，RESASで作成した2045年の人口ピラミッドを提示し，自分の作成したものと比較させます。下の人口ピラミッドは，私が勤務していた扶桑町の2015年と2045年の人口ピラミッドをRESASで作成したものです。最後に授業のまとめとして，日本の人口が今後どうなっていくか，自分の考えをまとめさせます。詳細は授業案で説明します。

RESASで作成した愛知県扶桑町の2015年と2045年の人口ピラミッド

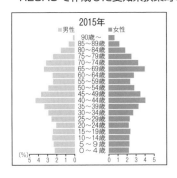
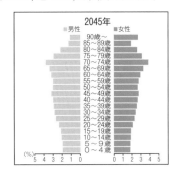

日本の人口密度の分布図（2015年）

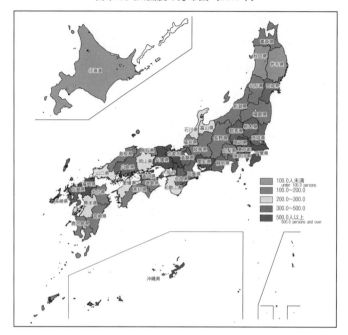

　「2　過疎・過密問題」では「位置や分布」が見方・考え方になります。導入では，人口の多い都道府県のランキングをクイズ形式で子どもに答えさせながら，拡大した白地図に教師がその都道府県を着色していき，本時の課題「日本の人口分布にはどのような特徴があるのだろうか」を提示します。日本の人口密度の分布図[2]を資料として提示し，読み取らせます。その際，地形などと関連させて読み取らせることができるように，地図帳も活用させます。資料の読み取りを通して，平野部や盆地，さらには三大都市圏に人口が集中していることを理解させます。また，近年では東京に一極集中していることも補足で説明します。一方，山間部や離島で過疎地域が多く見られることなどを捉えさせたうえで，過疎・過密によってどのような問題が生じるかを考えさせます。最後に，日本の人口に偏りが見られる理由についてまとめさせます。

　RESASは中学生でも簡単に人口ピラミッドを作成することができます。この人口の学習を通して，子どもが自分でRESASを用いて他地域の人口ピラミッドを作成して，身近な地域の人口ピラミッドと比較するなどの主体的な学びが展開できることを期待します。

2 授業案：「日本の人口構成」（1時間目）

○第1時の目標（主な見方・考え方「地域」）
- 人口ピラミッドの変化を読み取り，世界と比べて日本は短期間に少子高齢化が進んでいることを理解する（知識及び技能）
- 日本全体の人口ピラミッドと，自分の住む地域の人口ピラミッドを比較し，人口構成における地域の特色を考えることができる（思考力，判断力，表現力等）

○授業展開例

		子どもの活動	指導上の留意点
導入 2分	課題把握	①日本の人口が30年後はどうなっているか，予想する	①近年の日本の総人口の数値を提示する
		〔学習課題〕　日本の人口は今後どうなっていくだろうか	
展開1 18分	課題追究	①富士山型，つりがね型，つぼ型の人口ピラミッドの変化を読み取る ②世界の国と比べて短期間に高齢化が進んでいることをつかむ	①人口ピラミッドを読み取るうえで，年齢層に着目するように助言する ②「高齢者人口の割合の国際比較」と「主な国の出生率と死亡率の変化」を資料として提示する
展開2 25分	課題追究	①自分の住む地域の人口ピラミッドと，日本全体の人口ピラミッドを比較し，自分の地域の人口構成の特色を考える ②30年後の自分の住む地域の人口ピラミッドを予想し，実際に作成する	①RESASで作成した身近な地域の人口ピラミッドを資料として提示する ②身近な地域における2045年の人口ピラミッドを提示し，自分の作成した人口ピラミッドと比較させる
まとめ 5分	課題解決	①学習課題に対するまとめを書く ・日本は今後，超高齢社会になっていくとともに，人口が減少していく	①RESASは簡単に他地域の人口ピラミッドが作成できると伝え，他地域の人口構成に興味をもたせる

（小澤　裕行）

【註】
1）総務省（2016）「統計トピックス No.97 統計から見た我が国の高齢者（65歳以上）」
　（http://www.stat.go.jp/data/topics/topi970.html）
2）国勢調査 日本統計地図 人口密度（2015年）
　（http://www.stat.go.jp/data/chiri/map/c_koku/mitsudo/pdf/2015.pdf）

3 C 日本の様々な地域

(2) 日本の地域的特色と地域区分（計5時間）

③資源・エネルギーと産業
―― 日本の資源・エネルギーと産業の特色は何か

1 単元案

【本単元の目標】
　日本の資源・エネルギー利用の現状，環境やエネルギーに関する課題，国内産業の動向を基に，日本の資源・エネルギーと産業に関する特色を理解することができる。

授業タイトル／課題	主に働かせたい見方・考え方	身につけることの例	
		知識・技能	思考・判断・表現
1　日本の資源・エネルギーと環境問題〔課題〕日本の資源・エネルギーはどのように確保されているのだろうか	位置や分布「水力発電所，火力発電所，原子力発電所は日本のどのあたりに分布しているか」	日本はエネルギー自給率はたいへん低く，鉱産資源の多くを輸入に頼っている。また，再生可能エネルギーなどの新しいエネルギーの開発に努力している	水力発電所，火力発電所，原子力発電所の立地条件がどのように異なるのかを考えることができる
2　日本の農林水産業〔課題〕日本の農林水産業にはどのような特色や課題があるのだろうか	位置や分布「農産物はどのようなところで生産されているのだろう」人間と自然環境との相互依存関係「なぜその地域で農産物が生産されているのだろう」	日本は自然環境をうまく利用し，生産性が高い第一次産業を各地の特色に合わせて行っている	第一次産業に共通する課題について考察することができる
3　日本の工業〔課題〕日本の工業にはどのような特色や課題があるのだろうか	位置や分布「日本の工業地帯・工業地域はどのあたりに分布しているのか」場所「工業地帯や工業地域が立地し	太平洋ベルトと呼ばれる臨海型の工業地帯や工業地域が発達しているが，近年は交通網の整備により，内陸型の工業地域も	臨海型の工業地域と内陸型の工業地域の立地条件について考察することができる

		ているのはどのような場所か」	形成されている	
4　日本の商業・サービス業 〔課題〕日本の商業・サービス業にはどのような特色や課題があるのだろうか	位置や分布 「日本の第三次産業就業者はどの地域に多いだろうか」 場所 「なぜその場所に第三次産業就業者が多いのか」	第三次産業の就業者数が多い地域は，大都市や観光地である大型ショッピングモールの建設によって，地方の商店街が打撃を受けている	第三次産業就業者数が多い地域についてその理由を考察することができる	
5　農業の6次産業化 〔課題〕日本の農業が持続的な産業になるためにはどうしたらよいか	地域 「日本の農業を今後どうしていったらよいか」	日本の農林水産業は様々な課題を抱えているが，持続的な産業にしていくために6次産業化などの新たな取り組みが行われている	6次産業化の成功の要因を考える中で，日本の農業が持続的な産業になるために必要な視点を考察することができる	

【主体的に学習に取り組む態度】　以下のことを子どもに問い，振り返りをさせる
・「何を学びましたか（知識）」→（例）再生可能エネルギー，工業地帯・工業地域，6次産業化
・「何ができるようになりましたか（技能）」→（例）日本の産業に関する様々なグラフを読み取ることができるようになった
・「どのような概念をつかみましたか（汎用的な概念）」→（例）日本はそれぞれの地域の特色を生かして産業を盛んにしている
・「新たに知ってみたいことは何ですか（調べてみたいことは何ですか）」→（例）自分の住む身近な地域の産業の特色や課題について調べたい
・「今回学んだことはどのような時に役立ちますか」→（例）エネルギーを生み出すために多くの資源が使われているので，電気を無駄遣いしないようにしたい

　この単元では，日本が抱える資源・エネルギーと産業の特色や課題について学習します。
　「1　日本の資源・エネルギーと環境問題」での見方・考え方は「位置や分布」です。この授業の資料としては，資源エネルギー庁「2017年度版　日本のエネルギー『エネルギーの今を知る20の質問』」(http://www.enecho.meti.go.jp/about/pamphlet/pdf/energy_in_japan2017.pdf) が活用できます。日本のエネルギー自給率は2015年で約7.4％であることを伝え，原油，石炭，LNGをどこの国から輸入しているのか，グラフの読み取りをさせながら，鉱産資源をほぼ輸入に頼っていることをつかませます。また，発電所の分布図の読み取りから，水力発電所と火力発電所，原子力発電所がどのような場所に分布しているか，なぜそこに分布しているのかを考えさせます。ここでは，水力発電所はダムの水を利用するため内陸の山間部に多いこと，火力発電所は原料を輸入しやすいために臨海部に多いこと，原子力発電所は人口密集地から離れていることをつかませます。また，2011年の東日本大震災以降，火力発電の割合が高まり，CO_2排出量が増えたことや，近年では再生可能エネルギーとして風力発電や太陽光発電

に力を入れていることも押さえておきます。

「2　日本の農林水産業」の見方・考え方は「位置や分布」「人間と自然環境との相互依存関係」です。本時は日本の農林水産業にはどのような特色や課題があるのかを考えさせます。まず，農産物の主な生産地について，地図に着色作業をさせながら，農作物の生産と自然環境の関わりを考えさせます。例えば，果樹栽培は盆地や山の斜面で盛んであるといった内容です。水産業，林業についても，日本のどの地域で盛んなのかをつかませます。その中で，日本は自然環境をうまく利用し，生産性が高い第一次産業を各地の特色に合わせて行っていることを理解させます。また，農林水産業に課題は何かを考えさせる中で，外国からの輸入品に押されていることや産業に従事する人の高齢化といった共通性を捉えさせます。

「3　日本の工業」の見方・考え方は「位置や分布」「場所」です。日本の主な工業地帯・工業地域の資料を読み取らせ，「日本の工業地帯や工業地域はどんなところに見られるか」と問い，臨海部に多いことや，内陸にも工業地域があるという意見を子どもから引き出します。その上で，臨海型の工業地域と内陸型の工業地域の立地条件について考えさせます。次に，主な工業地帯・地域の工業生産額の資料から，それぞれの工業地帯・地域の特色を捉えさせます。また，近年日本の企業が海外に工場を移していることを伝え，各国の賃金を比較し資料などから理由を考えさせる中で，産業の空洞化について説明できるようにします。最後に，第一次産業で学習したことと共通する部分はないか問い，第二次産業においても外国製品との競争があることをつかませます。

「4　日本の商業・サービス業」の見方・考え方は「位置や分布」「場所」です。まず第三次産業には小売業，サービス業，金融業，情報通信業など多様な業種が含まれていることを説明します。次に第三次産業就業者の割合が高い都道府県を地図上に着色させ，なぜその地域で第三次産業就業者数の割合が高いのかを考えさせ，大都市や観光地で割合が高いことをつかませます。次に，商業に着目し，郊外の大型ショッピングセンターの立地について地域の事例を紹介しながら考えさせます。郊外に建設することにより，広い駐車場が確保できたり，高速道路の近くに建設することで集客を高めたりすることをつかませます。一方，それによって古くからの商店街は閉店に追い込まれることになっていることを説明します。また，産業別就業者割合のグラフを提示し，第三次産業の就業者が増加してきたことや日本の産業別国内総生産において，第三次産業が占める割合が高いことをつかませます。

「5　農業の6次産業化」の見方・考え方は「地域」です。本時は発展的な学習として，日本を一つの地域として捉え，日本の農業が持続可能な産業となるにはどうしたらよいかを考えさせます。その糸口として，農業の6次産業化を取り上げます。6次産業化は，農産物の生産者が，農産物直売所，農産物を食品に加工する工場，農産物を調理して提供するレストランなどを運営し，自分たちのつくった農産物を消費者に直接販売，提供する取り組みです。成功が難しいといわれる6次産業化において，農林水産省が平成31年2月に発行した『6次産業化の

取組事例集』(http://www.maff.go.jp/j/shokusan/renkei/6jika/torikumi_jirei/attach/pdf/jireisyu-25.pdf)には，全国の成功した事例がたくさん掲載されています。子どもの身近な地域の成功例をいくつか抜粋して資料として提示し，成功の要因は何かを考えさせます。例えば，子どもに２つの事例を資料として配付し，共通点と相違点を右のようにベン図で示させることで，６次産業化の成功の要因を考えさせることができます。

また，身近な地域で６次産業化を成功させている事例を取り上げ，これについても成功の要因を考えさせます。ここでは特に，何が一番の成功の要因なのかを検討させることで，日本の農業が持続的な産業になるために必要な視点を考察させます。

本時では，焦点化するために農業を例に学習しますが，これは農業に限ったことではありません。農林水産業全体が持続的な産業として発展していくことが重要であることを子どもに理解させましょう。

６次産業化で成功した２つの事例

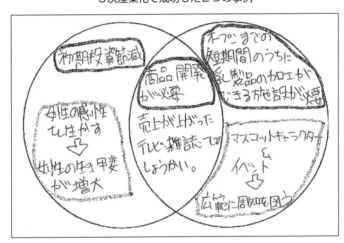

2 授業案:「農業の6次産業化」(5時間目)

○第5時の目標(主な見方・考え方「地域」)
- 日本の農林水産業は様々な課題を抱えているが,持続的な産業にしていくために6次産業化などの新たな取り組みが行われている(知識及び技能)
- 6次産業化の成功の要因を考える中で,日本の農業が持続的な産業になるために必要な視点を考察することができる(思考力,判断力,表現力等)

○授業展開例

		子どもの活動	指導上の留意点
導入 5分	課題把握	①農家の数が減っている理由を考える ・高齢者の割合が増えているから ・農業に若い人が興味がないから ・跡継ぎがいないから	①農業就業人口の変化のグラフと日本の農家数のグラフを提示する ①農業総生産額の推移のグラフを提示し,このままでは日本の農業が衰退していくことを確認する
		〔学習課題〕 日本の農業が持続的な産業になるためにはどうしたらよいか	
展開1 15分	課題追究	①課題について考える ・耕作放棄地を活用してより多く生産できるようにする ・アメリカのように企業的に農業をする ・外国向けに輸出する農作物を作る ②農業の6次産業化について理解する	①企業の農業への参加やブランド化,輸出用作物などといった意見が出た場合には,写真を提示し,すでに行われていることを確認する ②6次産業化について説明する
展開2 25分	課題追究	①6次産業化の成功の要因を考え,全体で話し合う ・商品開発に力を入れている ・ブランドの価値を高めている ・積極的なPRをしている ・地域密着型で経営している ②身近な地域で6次産業化に成功している農家の事例を知る	①『6次産業化の取り組み事例集』を資料として配付する ①農業の6次産業化にデメリットはないのだろうかと問いかけ,農家は営業方法の知識がないことや,販路を新規開拓することが難しいといった課題も多くあることを説明する ②身近な地域で6次産業化に成功している農家を紹介し,成功の要因を説明する
まとめ 5分	課題解決	①学習課題に対するまとめを書く ・日本の農林水産業は様々な課題を抱えているが,持続的な産業にしていくために6次産業化などの新たな取	①6次産業化は,農業だけではなく,農林水産業全体で取り組みが行われていることを説明する

| | | り組みが行われている。自分の生活に関わることなのでこういった問題に関心をもちたい | |

　私は身近な地域の6次産業化の成功例として、愛知県豊田市の「夢農人とよた」という若手の農家集団を取り上げました。一般に農家が連携する場合は、同じ作物を作っている農家同士が連携することが多いのですが、お茶、花、米、養豚など様々な農家が連携していることが特徴で、それを強みにしながら、順調に拡大していっています。

　授業では、「夢農人とよた」の成功の要因を、右のようなピラミッドチャートを用いて順位付けさせ、順位づけした理由をグループで話し合わせました。子どもは「夢農人とよた」の成功の要因を考えることを通して、農業が持続的な産業になるためには、いろいろな農家が連携していくことが必要だということに気付くことができました。

　このように、身近な地域には6次産業化に取り組んでいる人たちがいると思うので、そういう人物を見つけ、教材化してみてはどうでしょうか。

（小澤　裕行）

夢農人とよたホームページ
(http://yume-note.com/)

ピラミッドチャート

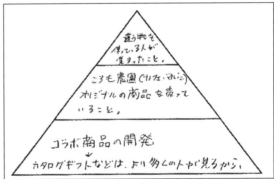

3 C 日本の様々な地域

(2) 日本の地域的特色と地域区分（計3時間）

④交通・通信
―― 世界から見た日本の交通・通信の特色は何か

 単元案

【本単元の目標】
　日本と世界がどのようにつながっているかを考えることを通して、国同士の交通網が整備されていることに気付き、世界各国、各地域と強く結びつき、人・モノが移動していることを考えることができる。

授業タイトル／課題	主に働かせたい見方・考え方	身につけることの例	
		知識・技能	思考・判断・表現
1　世界と日本の結びつき〔課題〕日本は世界の国や地域とどのようにつながっているのだろう	空間的相互依存作用「日本が結びついている海外の国はどこだろうか。何によってつながっているのだろうか」	国々との交通網・通信網が整備されていることに気付き、世界各国と結びつけられていることを理解する	世界との結びつきによって、問題も発生していることを説明することができる（例えば、こうした結びつきによって国際貿易は活発になっているが、その一方で貿易摩擦などによって問題も起きている。そうした問題を解決するために、WTOのような機関が重要な役割を果たしている）
2　国内における交通・通信〔課題〕日本国内の交通・通信の課題について考えてみよう	空間的相互依存作用「国内の各地域はどのように結びつけられてきたのだろうか。そこにはどのような問題があるだろうか」	高速交通網、情報通信網などの発達によって私たちの移動や情報の獲得は簡単になったが、そこには	日本の人口が減っていくなかで、交通網や情報網はどのようなものがこれからもとめられていくかを

			格差が生まれていることを理解する(移動については大都市と地方の格差がある)	考え，発表することができる
3 交通がもたらす地域の変化	空間的相互依存作用「航空交通網にはどうして地域格差があるのだろうか」		海上輸送や航空輸送があり，輸送手段の使い分けについて理解する	航空交通網の発達が遅れている国に対し，格差が生まれていることが説明できる

【主体的に学習に取り組む態度】 以下のことを子どもに問い，振り返りをさせる
・「何を学びましたか(知識)」→(例)時間距離，ハブ空港，貿易摩擦，高速交通網，情報通信網，海上輸送，航空輸送
・「何ができるようになりましたか(技能)」→(例)資料「日本の貿易の変化」[1]を読み取ることができるようになった
・「どのような概念をつかみましたか(汎用的な概念)」→(例)世界の国々は交通だけでなく，目に見えない情報通信網などによっても結びついている
・「新たに知ってみたいことは何ですか(調べてみたいことは何ですか)」→(例)時間距離と実際の距離ではちがうことがわかったので，時間距離の地図をつくってみたい
・「今回学んだことはどのような時に役立ちますか」→(例)将来海外旅行をするときにどういうルートで行くのかを調べる時に参考になると思った

　この単元では，航空路線や日本の高速交通網の読み取りを通して日本と世界がどのようにつながっているのか考えるとともに，我が国の中における交通・通信の問題について考えさせる学習を行います。
　「1　世界と日本の結びつき」の見方・考え方は「空間的相互依存作用」です。例えば，まず航空路線や日本の高速交通網の変化の読み取りをさせた後，自分の住む地域とも比較させます。そして，「日本は世界の国や地域とどのようにつながっているのだろう」と問い，日本には，世界的に見ると，多くの物資が集まっていることや日本はアメリカや中国などと物資の貿易をすることで強い結びつきをもっているという意見を子どもから引き出します。いずれも，経済活動が盛んな地域ということがわかります。また，日本は原油をどこから輸入していたかを考えさせて，西アジアとの結びつきが強かったことに着目できるようにします。そして，子どもたちに世界の国々と日本について，交通網・通信網でつながっていることや貿易，人のつながりでは，強く結びついている国とそうでない国があることに気付かせたいです。また，このような事情は，発展途上国とのつながりの中で見られるので，今後解決していく必要があるという視点を与えたいです。
　「2　国内における交通・通信」の見方・考え方は「空間的相互依存作用」が見方・考え方になります。例えば，まず，これまでの学習を振り返り，「国内の各地域はどのように結びつ

けられてきたのだろうか。そこにはどのような問題があるだろうか」と問い，日本全体では少子高齢化が進んでいたことや多くを輸入に頼り，産業を発展してきた国であるという意見を子どもから引き出します。交通網はどのように整備されていたか考えることができるように，交通網を中心として他の視点と関わっていることを明らかにします。そうすることによって，地図帳，地形図を活用し，国内における交通・通信をまとめ，発表することができます。

「3 交通がもたらす地域の変化」の見方・考え方は「空間的相互依存作用」が見方・考え方になります。例えば，まず，海上輸送や航空交通網の技術の進歩により世界と日本の時間距離が短くなっていることを理解し，輸送手段には大きく分けて海上輸送や航空輸送があることを取り上げます。そうすることで，交通の手段に対する視点が広がります。そして，直行便が出ている地域はどんな場所か考えるとよいでしょう。つまり，観光客やビジネス客が多い地域は，つながりが深く航空網が発達していますが，発展途上国では航空網の整備が遅れており，交通がもたらす格差が広がっていることを理解します。

次頁のような授業展開で，日本と世界がどのようにつながっているかを考えることを通して，国々との交通網が整備されていることに気付き，世界各国，各地域と強く結びつきがあることを理解させます。そして，学びを深めるために，動画[2]や地図帳などを使いながら学んでいくとより効果的です。子どもたちは映像を見ることで理解が深まる場合があるからです。そして，世界のつながりを考えるとき，お互いに交通・通信が発達している地域は資料などの根拠から貿易も盛んに行われていることに気付くことでしょう。

2 授業案「世界と日本の結びつき」(1時間目)

○第1時の目標(主な見方・考え方「空間的相互依存作用」)
- 国々との間で交通網・通信網が整備されていることに気付き,世界各国・地域が強く結びつけられていることを理解する(知識及び技能)
- 世界との結びつきによって,問題も発生していることを考えて説明することができる(思考力,判断力,表現力等)

○授業展開例

		子どもの活動	指導上の留意点
導入 3分	課題把握	①航空路線を活用し,気付いたことを交流し,本時の課題をつくる	①身近な問題として関心を高め,課題づくりにつなげるようにする
		〔学習課題〕 日本は世界の国や地域とどのようにつながっているのだろう	
展開1 15分	課題追究	①資料「日本の貿易の変化」を用い,日本の高速交通網の発展の様子の変化を読み取る	①日本の高速交通網を読み取るうえで,1975年以前と2015年の資料を比較するように助言する
展開2 25分	課題追究	①資料「日本の貿易の変化」を活用し,課題に対する考えをまとめ交流する ・日本には,世界的に見ると,多くの物資が集まっていることがわかる。これは,日本は交通網が集中している地域に入っているから,貿易が活発に行われているといえる	①日本は原油をどこから輸入していたかを想起し,西アジアとの結びつきが強かったことに着目できるようにする
まとめ 7分	課題解決	①学習課題に対するまとめを書く ・国際貿易は活発になっているが,その一方で貿易摩擦などによる問題も起きている。そうした問題を解決するために,WTOのような機関が重要な役割を果たしている	①世界との結びつきによって,問題も発生していることを考えて説明することができる

(伊澤 直人)

【註】
1) JFTC 一般社団法人 日本貿易会 きっず☆サイト「日本貿易の現状と課題」
(http://www.jftc.or.jp/kids/kids_news/japan/index.html) 2020年6月14日最終閲覧
2) 世界からみた日本 交通・通信 10minボックス地理 NHK for School
(https://www.nhk.or.jp/syakai/10min_tiri/?das_id=D0005120332_00000) 2019年4月5日最終閲覧

3 C 日本の様々な地域

(3) 日本の諸地域（計5時間）

①北海道地方——自然環境を中核とした考察の仕方
～自然環境を守るとは何か～

1 単元案

【本単元の目標】
　北海道地方の地形や自然環境が，そこにくらす人々の生活や文化，産業などに影響を与えていることを考えたり，逆に生活や文化，産業などが自然環境に影響を与えていることを捉えることができる。

授業タイトル／課題	主に働かせたい見方・考え方	身につけることの例	
		知識・技能	思考・判断・表現
1　北海道地方をながめて〔課題〕北海道地方は人口分布にどのような特色が見られるのだろうか	位置や分布「北海道地方の人口はどのように分布しているのだろうか」	北海道地方の人口分布の地図を見て，道央に人口が集中していることがわかる	人口分布の特徴を自然環境と関連させて考えることができる
2　自然環境の保全のまち　富良野市〔課題〕富良野市ではどのように自然が守られているのだろう	場所「そこでの生活は周りの自然環境からどのような影響をうけているのだろうか」	富良野市では，広大な自然を地域住民が保全していることに着目し，富良野の自然環境の保全活動を理解する	森林によって，二酸化炭素を減らし，自然環境を保全していることの取り組みを資料から読み取り，考えることができる
3　経済発展のまち札幌市〔課題〕札幌市では北海道の自然は守られているのか	地域「どのような地域にしていくべきだろうか」	経済発展している札幌市では広大な自然を守ろうとする富良野の状況とは異なることに着目し，経済活動と自然保護活動をバランスよくして	札幌市では低公害車を利用したり，車を使用しないことで二酸化炭素を減らしたりと自然環境の保全になぜ取り組んでいるのかを考えること

		いく札幌市の活動を理解する	ができる
4 ラムサール条約 釧路市〔課題〕なぜ釧路市は湿原をラムサール条約に登録したのだろう	地域「どのような地域にしていくべきだろうか」	「登録地の保全・再生」「賢明な利用」「地域のメリット」の視点から自然環境のあり方を理解する	ラムサール条約登録の理由を，環境・鳥獣保護が目的であると考え，視点を明らかにして自分の考えをまとめることができる
5 これからの北海道地方の自然環境〔課題〕北海道地方の自然環境についてまとめよう	地域「北海道地方で自然環境を保護しようとしている人々の活動はどのようなものがあるか」	人と自然と野生鳥獣がどのようにして共生しようとしていることに気付き，人々の営みを理解する	北海道地方の自然環境がこれからどうなっていくのかを根拠をあげて説明できる

【主体的に学習に取り組む態度】 以下のことを子どもに問い，振り返りをさせる
・「何を学びましたか（知識）」→（例）濃霧，アイヌの人たち，屯田兵，開拓使，輪作，世界遺産（自然遺産）
・「何ができるようになりましたか（技能）」→（例）地図の読図から人口と自然の関係を読み取ることができるようになった
・「どのような概念をつかみましたか（汎用的な概念）」→（例）登録地の保全再生・賢明な利用・地域のメリットの視点は，自然環境活動のあり方に大きな影響を与えている
・「新たに知ってみたいことは何ですか（調べてみたいことは何ですか）」→（例）他地域でも同様の問題を抱える地域はないか
・「今回学んだことはどのような時に役立ちますか」→（例）人と自然との共生が持続可能な社会を実現するために必要不可欠であることがわかる

　この単元では，北海道地方について平成29年版学習指導要領にある「自然環境を中核とした考察の仕方」に沿って学習します。
　「1　北海道地方をながめて」での見方・考え方は「位置や分布」になります。まず北海道地方にはどのような山地や平野があるのかを地図帳を使って調べさせます。また札幌市，旭川市，帯広市の雨温図を提示し，それぞれの気候の特色を読み取ります。そして，北海道地方は国土面積の$\frac{1}{4}$近い広さがあり，気温と湿度が低く，梅雨がない冷涼・寒冷な気候であることを学ばせます。
　「2　自然環境の保全のまち　富良野市」での見方・考え方は「場所」になります。実際の授業案で説明します。例えば，まず，インターネットや富良野市のホームページ[1]の映像を見ることで，北海道富良野市の様子を知ることができるようにします。そして，「地球温暖化が起こる理由」を資料から理解できるようにし，森林の減少によって，二酸化炭素が増えていく資料を提示し着目させます。そうすることで，森林によって二酸化炭素を減らし，自然環境

を保全していることを考えることができます。

「3　経済発展のまち　札幌市」での見方・考え方は「地域」になります。例えば，自動車の排気ガスからは何が多く排出されているかを資料から読み取れるように，多くの二酸化炭素が排出されていることを明らかにします。そうすることによって，二酸化炭素を多く排出することは地球温暖化を促進するため，札幌市では低公害車を利用したり，車を使用しないことで二酸化炭素を減らしたりと自然環境の保全を行っていることを考えさせます。

「4　ラムサール条約　釧路市」での見方・考え方は「地域」になります。例えば，ラムサール条約で守られているのは誰なのかを考えられるように，ラムサール条約[2]が鳥獣保護を目的とした条約であることを明らかにします。そうすることによって，ラムサール条約登録の理由を，環境・鳥獣保護が目的であると考え，視点が明らかになることで自分の考えをまとめることができます。

「5　これからの北海道地方の自然環境」での見方・考え方は「地域」になります。例えば，釧路市，富良野市，札幌市の他の自然環境の保全を行っている自治体を紹介し，北海道地方で自然環境を守る取り組みが行われていることが理解できるようにします。そして，釧路湿原と阿寒湖の共通点を理解させて，ラムサール条約に登録されていることを明らかにし，地図帳，地形図を活用し，北海道地方の特色を関連図にまとめ，自分の考えで説明できるようになります。

2 授業案：「ラムサール条約　釧路市」(4時間目)

○第4時の目標（主な見方・考え方「地域」）
・「登録地の保全・再生」「賢明な利用」「地域のメリット」の視点から自然環境のあり方を理解する（知識及び技能）
・ラムサール条約は，環境・鳥獣を保護することが目的であることを理解し，ラムサール条約以外にも，他地域で行われている自然保護活動について発表できる（思考力，判断力，表現力等）

○授業展開例

		子どもの活動	指導上の留意点
導入 3分	課題把握	①北海道地方の中で，ラムサール条約に調印している場所を一覧で提示する	①ラムサール条約に調印している場所の写真を準備する
展開1 15分	課題追究	①ラムサール条約調印までの流れの年表と概略と内容を提示する ②北海道地方の自然を守ろうとすれば，多くの市町村が登録するはずなのに，一部の湿原や湖のみが登録されている事実から本時の課題をつくる	①ラムサール条約調印までの流れの年表と概略と内容を準備する
		〔学習課題〕　なぜ釧路市は湿原をラムサール条約に登録したのだろう	
展開2 25分	課題追究	①資料を活用し，課題に対する自分の考えをまとめる ②他地域ではどのような保護活動が行われているだろうか 　視点Ⅰ　登録地の保全・再生 　視点Ⅱ　賢明な利用 　視点Ⅲ　地域のメリット	①ラムサール条約に登録する理由について調査できるようにしておく ②ラムサール条約で守られているのは誰なのか考えられるようにする。子どもたちが調べることが難しければ，教頭が資料を提供する
まとめ 7分	課題解決	①本時のまとめをする ・ラムサール条約に登録するには，様々な基準があり，世界基準を満たしている地域でないと登録できない	①ラムサール条約についてはあまり細かくなりすぎないようにする。ラムサール条約以外の自然保護活動についても言及する

(伊澤　直人)

【註】
1) 富良野市「富良野市公式ホームページ」(http://www.city.furano.hokkaido.jp/) 2019年4月5日最終閲覧
2) 日本のラムサール条約登録湿地【釧路湿原】(http://www.ramsarsite.jp/jp_01a.html) 2019年4月5日最終閲覧

3 C 日本の様々な地域

(3) 日本の諸地域（4時間）

②東北地方──産業を中核とした考察の仕方
～東北地方の産業と中部地方の産業の共通点と相違点は何か～

1 単元案

【本単元の目標】
東北地方の産業の特色を地形などの自然条件と交通網などの社会条件から考察したり，中部地方の産業と比較して考察したりすることができる。

授業タイトル／課題	主に働かせたい見方・考え方	身につけることの例	
		知識・技能	思考・判断・表現
1 東北地方をながめて〔課題〕東北地方の産業の特色を大きく捉えよう	位置や分布「東北地方の山脈や川や平野はどこに位置しているのか」場所「東北地方はどのような産業の特色がある場所だろうか」	三陸海岸沖は暖流と寒流がぶつかる潮目があり，漁業が盛んである。秋田平野，庄内平野，仙台平野は広大な水田があり，稲作が盛んである	自然環境から東北地方の産業の特色を考えることができる
2 東北地方の農業〔課題〕東北地方ではなぜ果樹栽培が盛んなのだろうか	人間と自然環境との相互依存関係「東北地方で盛んな果樹栽培は，自然環境とどのような関係があるのだろうか」	青森県や岩手県では夏の涼しい気候を生かしてりんごを栽培している。福島県や山形県では夏になると気温が高くなる気候条件を生かしたり，盆地の面積が比較的広いことを生かしたりしてさくらんぼや西洋なしを栽培している	東北地方の果樹栽培は，自然環境からどのような影響をうけているのかを考えることができる
3 東北地方の工業〔課題〕東北地方では	場所「東北地方ではなぜ工場が増え	交通網の整備や工業用地の安さといった	東北地方で工場が増えた理由について交

なぜ工場が増えたのだろうか	たのか」 空間的相互依存作用 「東北地方は他地域とどう結びついているのか」	理由から，工場の進出や工業団地の建設が増え，東北地方の工業に大きな影響を与えた	通網の発展から考察することができる
4 東北地方の伝統産業 〔課題〕 東北地方ではなぜ伝統産業が盛んなのだろうか 東北地方と九中部方の産業の共通点と相違点は何か	人間と自然環境との相互依存関係 「東北地方の伝統産業は自然環境とどのような関係があるのだろうか」 地域 「東北地方は他地域と比較し，どのような特徴があるのか」	東北地方の伝統産業は森林が多いという自然環境を生かし，木材を原料とした木工品が多い。また，農業ができない冬の仕事として作っていたことから発展した	東北地方の伝統産業の特色を，自然環境や歴史的背景と関連付けて考えることができる 東北地方と中部地方の産業の共通点と相違点を考えることができる

【主体的に学習に取り組む態度】 以下のことを子どもに問い，振り返りをさせる
・「何を学びましたか（知識）」→（例）リアス海岸，潮目，シリコンロード，伝統的工芸品
・「何ができるようになりましたか（技能）」→（例）ベン図を使って中部地方と東北地方の産業の共通点と相違点をまとめることができた
・「どのような概念をつかみましたか（汎用的な概念）」→（例）地方区分という大きな地域で産業を比較すると，産業の特色は異なるように見えるが，共通する点もある
・「新たに知ってみたいことは何ですか（調べてみたいことは何ですか）」→（例）産業以外の考察の視点で東北地方を考察したい
・「今回学んだことはどのような時に役立ちますか」→（例）今回の学習のように，これまでに学習した考察の視点で他地域を比較して考察していきたい

　この単元では，東北地方について平成29年版学習指導要領にある「③産業を中核とした考察の仕方」に沿って学習します。中部地方でも「③産業を中核とした考察の仕方」に沿って学習しました。学習指導要領では，同じ考察の仕方を複数回取り扱うことができるとしているので，東北地方においても「③産業を中核とした考察の仕方」に沿って学習することで，最終的に東北地方と中部地方を比較させることを目指します。
　「1　東北地方をながめて」での見方・考え方は，「位置や分布」「場所」になります。まず東北地方にある山脈，平野，河川を地図帳で確認させ，白地図に書き込ませます。ここでは特に3つの山地が南北に並んでいることや，太平洋側に潮目があること，平野があることなどを押さえます。次に，地図帳で代表的な農産物や漁港を調べさせながら白地図にまとめさせ，東北地方の産業を大まかに捉えさせます。そのうえで，中部地方の学習のように，産業という視点で東北地方を考察していくことを伝えます。ここでは，中部地方でなくても，自分が住んでいる地域と比較してもよいと思います。それによって「地域」（地域性）がはっきりしますし，共通点も見つけられるでしょう。

「2　東北地方の農業」での見方・考え方は，「人間と自然環境との相互依存関係」になります。授業の導入では，りんご，さくらんぼ，ももの都道府県別生産割合が第1位の県をクイズ形式で答えさせます（2017年，りんごは青森県，さくらんぼ，西洋なしは山形県）。その後，東北の果実の産出額の推移は平成24年から28年の5年間で増加傾向にあることや，

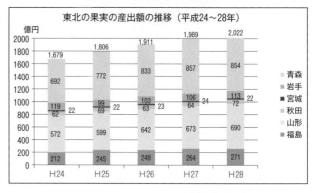

東北の果実の産出額の推移[1]

平成28年の東北における主要果実の収穫量は746,000 tで全国の29％を占めることをつかませたうえで，「東北地方ではなぜ果樹栽培が盛んなのだろうか」という学習課題を提示し，教科書や資料集を基に考えさせます。

平成28年果実の収穫量[2]

「3　東北地方の工業」での見方・考え方は「場所」「空間的相互依存作用」になります。授業の導入でトヨタの小型ハイブリッド車「アクア」の写真を見せ，この自動車が東北地方で組み立てられていることを子どもに伝えます。そして東北地方への工場進出数が1970年代から増えてきたことがわかる資料を提示し，「東北地方ではなぜ工場が増えたのだろうか」という学習課題を提示します。地図帳で高速道路や空港，新幹線などの交通網が発展していることを確認させながら課題について考えさせます。また，工業用地の地価が全国平均に比べて安いことも資料として提示します。

「4　東北地方の伝統産業」での見方・考え方は「人間と自然環境との相互依存関係」「地域」になります。ここでは，東北地方の伝統産業が盛んな理由について考察させます。また，単元のまとめの時間でもあるため，東北地方の地域的特色をまとめさせます。そこで，これまでに産業の視点で考察した中部地方と比較をさせます。ベン図を用いて東北地方の産業と中部地方の産業の特色の共通点と相違点を書き込ませます。これにより，それぞれの地方の特色を総括的に子どもに考えさせます。詳しくは授業案で説明します。

2 授業案：「東北地方の伝統産業」（4時間目）

○第4時の目標（主な見方・考え方「人間と自然環境との相互依存関係」「地域」）
- 東北地方の伝統産業は農業ができない冬の仕事として作っていたことから発展したことを理解することができる（知識及び技能）
- 東北地方の産業と中部地方の産業の共通点と相違点を考えることができる（思考力，判断力，表現力等）

○授業展開例

		子どもの活動	指導上の留意点
導入 3分	課題把握	①伝統的工芸品には何があるかを問う	①南部鉄器の実物を提示する
		〔学習課題〕 東北地方ではなぜ伝統産業が盛んなのだろうか	
展開1 20分	課題追究	①東北地方ではどのような伝統的工芸品が作られ，なぜその地域で伝統産業が盛んなのかを考える ②東北地方は森林が多いので，伝統的工芸品は木材を原料とした木工品が多い	①地図帳を活用させる ②伝統的工芸品は大量生産による安い製品におされているが，例えば南部鉄器は，デザイン性の優れた輸出用の鉄瓶を作り，生活の変化やグローバル化に対応する努力をしていることを説明する
展開2 20分	課題追究	〔学習課題〕 東北地方と中部地方の産業の共通点と相違点は何か	
		①東北地方と中部地方の産業の共通点と相違点を考え，ベン図にまとめる 　中部地方　東北地方 ②作成したベン図をグループで交流する	①中部地方についてまとめたノートや教科書を参考にするよう伝える ①ベン図が重なる部分に2つの地域の共通点を書くように指示する ②仲間の考えは，自分のベン図につけ足していくよう指示する
まとめ 7分	課題解決	①単元の振り返りを書く ・東北地方の産業を，中部地方の産業と比較したことで，伝統産業が盛んな理由に共通点があるとわかった	①今回の単元のように，日本の諸地域を同じ視点で考察することにより，2つの地域の共通点やそれぞれの地域性が見えてくることを伝える

今回は東北地方と中部地方で比較しましたが，他の地域と比較することもできます。どの地域を比較させるかは，各学校の実態に合わせてみてください。

（小澤 裕行）

【註】
1）東北農政局「東北の果樹の概要」（2018）p.1
2）上記資料 p.4

3 C 日本の様々な地域

(3) 日本の諸地域（計5時間）

③関東地方——交通や通信を中核とした考察の仕方
～関東地方はなぜ人々をひきつける魅力があるのだろうか～

単元案

【本単元の目標】
　関東地方の人々や産業の結びつきを交通の面から考えさせるとともに，世界的なスケールから見て関東地方が交通・通信によってどのように結びついているのかを捉えさせる。

授業タイトル／課題	主に働かせたい見方・考え方	身につけることの例	
		知識・技能	思考・判断・表現
1　関東地方をながめて〔課題〕関東地方は人口分布にどのような特色が見られるのだろうか	位置や分布 「関東地方の人口はどのように分布しているのだろうか」	関東地方に日本全国に人口の$\frac{1}{3}$が集中していることや，日本最大の都市圏が広がっていることを理解する	人口分布の特徴を自然環境と関連させて考えることができる
2　首都・東京〔課題〕自然条件以外で人々を東京に集中させるものは何か	場所 「東京はなぜ人口が集中しているのだろうか」	東京が日本の政治・経済・文化の中心地であることに気付き，その背後には交通網の発達があることを理解する	東京に人口が集中し，様々な問題が起こっていることを資料からよみとき，近隣の県との人口問題についても考えることができる
3　東京の都市問題〔課題〕東京が抱えている人口問題の原因はなんだろう	場所 「東京はどのような場所か」	東京は，人口集中が都市機能を停滞させていることに気付き，様々な問題を抱えていることをつかむことができる	人口の過密化がすすむ中で，都市機能が停滞し，人々の生活や社会に大きな影響を与えていることを考えることができる

4　首都東京がひきつけるもの〔課題〕Aさんが，通勤時間が長いのに東京に勤めるのはなぜだろう	場所「どのような特徴があるのだろうか」	茨城県古河市から東京に通勤する理由を「働き口」「東京の魅力」という視点から考え，東京が人々をひきつける理由を理解することができる	東京に人口が集中する理由を，働き口，東京の魅力の視点から考えることができる
5　関東地方の未来を考えよう〔課題〕関東地方の交通問題とその解決への努力について考えよう	地域「人口集中による都市問題とその対策について考えよう」	人口集中によって起こる都市問題の原因や対策について理解している	都市問題を解決するためにはこれからどのようにしていけばよいのかを考え，根拠を挙げて説明できる

【主体的に学習に取り組む態度】　以下のことを子どもに問い，振り返りをさせる
・「何を学びましたか（知識）」→（例）関東ローム，からっ風，東京大都市圏，中枢機能，首都，京浜工業地帯
・「何ができるようになりましたか（技能）」→（例）都県別の工業生産額のグラフを読み取ることができるようになった
・「どのような概念をつかみましたか（汎用的な概念）」→（例）交通網の発達が人口増加をひき起こし，人口増加が交通網を発達させたこと
・「新たに知ってみたいことは何ですか（調べてみたいことは何ですか）」→（例）他地域でも同様の問題を抱える地域はないか，人口が集中する要因は他にどんなことがあるのだろうか
・「今回学んだことはどのような時に役立ちますか」→（例）将来首都東京でくらす時には，様々な都市問題があることを理解したうえで生活したい

　この単元では，関東地方について学習指導要領にある「交通や通信を中核とした考察の仕方」に沿って学習します。
　「1　関東地方をながめて」での見方・考え方は「位置や分布」になります。まず関東地方にはどのような山地や平野があるのかを地図帳を使って調べさせます。また館山市，東京，前橋市の雨温図を提示し，それぞれの気候の特色を読み取ります。そして，南関東には平野が広がっているため，人口が集まりやすいこと，関東地方の大部分は，太平洋側の気候ですが，冬は乾燥し，からっ風と呼ばれる冷たい北西の季節風が吹くことが影響していることを学ばせます。
　「2　首都・東京」での見方・考え方は「場所」になります。例えば，「競合関係になるはずなのに，東京に出店したのはなぜだろう」と発問し，人口が集まる場所に出店することによって利益があることに着目させます。そうすることによって，子どもたちは東京に人口が集中し，様々な問題が起こっていることを追求し，資料を収集・活用し，近隣の県との人口問題についての関連を考えながら，他地域との結びつきを捉えます。

「3　東京の都市問題」での見方・考え方は「場所」になります。例えば，「今後も人口が集中していったら，どうなるだろうか」と発問し，都市機能が停滞することを資料を通して気付くことができるようにします。そうすることによって，東京に人口が集中する理由を，働き口・東京の魅力・将来の地元の活性化の視点から考えることができます。

　「4　首都東京がひきつけるもの」での見方・考え方は「場所」になります。東京都へ人口が集中している資料の読み取りから，面積の割合が全国の約0.6％の東京都への集中の度合いをつかませます。次に，「あこがれだけで，東京に勤務することができるだろうか」と発問し，東京には様々な点で魅力があることに気付かせます。そうすることによって，東京に人口が集中する理由を，働き口・東京の魅力の視点から考えることができます。

　「5　関東地方の未来を考えよう」での見方・考え方は「地域」になります。

　「5　関東地方の未来を考えよう」では，人口が集中した関東，特に東京がどのような対策を立てているのかについて考えさせます。人口集中によって交通網が発達し，交通網の発達によってますます人口が集中する，また，商業，工業などの産業が集中し，多くの人々が魅力を感じていることでますます関東地方は多くの人々をひきつけます。残念ながら，その発達のために諸問題も起きています。当然のことながら，それら諸問題を解決するために人々は努力してきたわけですが，改善されたものと，そうでないものがあります。どうしてうまくいったのか，どうして失敗したのかなどについて考え，今後の改善策を子どもなりに考えさせることが求められます。そこに関東地方の地域性（「地域」）が見えてくると思います。

2 授業案:「東京がひきつけるもの」(4時間目)

○第4時の目標(主な見方・考え方「場所」)
・首都として発展し,首都として特色をもった都市だということを理解することができる(知識及び技能)
・東京に人口が集中する理由を,働き口,東京の魅力,の視点から,経済都市として発展し,首都機能をもった場所であることを考えることができる(思考力,判断力,表現力等)

○授業展開例

		子どもの活動	指導上の留意点
導入 3分	課題把握	①前時までの課題を確認する	①東京23区への通勤・通学者の資料を提示する ①東京23区昼夜人口の資料を提示する
		〔学習課題〕 Aさんが,通勤時間が長いのに東京に勤めるのはなぜだろう	
展開1 15分	課題追究	①資料を活用し,課題に対する考えを交流する ・ライバル店が多い東京で勤務している。レベルの高い土地で一流の技術が学べるものも,東京の魅力である ・ずっと勤務するのではなく,将来的には地元へ店を出そうと考えている	①通勤経路を地図帳でたどらせ,時間距離を捉えさせる ①東京に人口が集中する理由を,働き口・東京の魅力の視点から,経済都市として発展し,首都機能をもっていることを関連させるようにする
展開2 25分	課題追究	①あこがれだけで東京に進出していくことが,本当にできるか考える ・失敗するかもしれない。便利だけど,生活する中で通勤ラッシュなどが続けばストレスなどがたまっていくかもしれない	①「あこがれだけで,東京に勤務することができるだろうか」と発問し,人口が増加することによって起きている問題に目を向けるようにする
まとめ 7分	課題解決	①なぜ東京は人をひきつけるのかを考え,本時のまとめをする ・東京は便利で生活しやすいけど,住んでいこうとすると大変だ ・今ではベッドタウン計画も進み,人口を分散していく計画もある	①東京が人々をひきつける魅力を,政治・経済・文化の視点から考える

(伊澤 直人)

3 C 日本の様々な地域

(3) 日本の諸地域（計5時間）

④中部地方──産業を中核とした考察の仕方
～中部地方の３つの地域でそれぞれ特色ある産業が
発達しているのはなぜだろうか～

1 単元案

【本単元の目標】
　中部地方の東海，北陸，中央高地の産業の特色を地形などの自然条件と交通網などの社会条件から考察することができる。

授業タイトル／課題	主に働かせたい見方・考え方	身につけることの例	
		知識・技能	思考・判断・表現
1　中部地方をながめて 〔課題〕　中部地方にはどのような自然環境の特色があるのだろうか	位置や分布 「中部地方の山脈や川や平野はどこに位置しているのか」 場所 「中部地方はどのような自然環境の特色がある場所か」	中部地方には日本アルプスが連なっており，それによって東海，中央高地，北陸の３つの地域は気候の特色も異なっている	気候と自然環境を関わらせて東海，中央高地，北陸の３つの地域の特色を考えることができる
2　中部地方の人口や産業 〔課題〕　中部地方の人口や産業の特色を大きく捉えよう	場所 「中部地方はどのような産業の特色がある場所か」 人間と自然環境との相互依存関係 「中部地方で盛んな農業は，自然環境とどのような関係があるのだろうか」	東海では野菜や花などの園芸農業，茶やみかんの栽培が盛んである。中央高地は高原野菜や盆地で果樹の栽培が盛んである。北陸は稲作中心の農業が行われている。工業では東海は輸送機械，北陸では金属・化学工業，中央高地では情報通信機械の生産を主に行っている	東海，北陸，中央高地でそれぞれ盛んな農業が異なる理由について，土地利用や地形と関わらせて考えることができる

3 東海の産業 〔課題〕 東海ではなぜ自動車工業を中心とする工業が盛んなのだろう	場所 「東海ではなぜ自動車工業を中心とする工業が盛んなのか」 空間的相互依存作用 「東海は他地域とどう結びついているのか」	東海は高速道路などで大都市圏と強く結びつき，工業製品の出荷や部品の輸送に便利な位置にある。また，名古屋港や中部国際空港があり外国への輸出にも便利である	東海ではなぜ自動車工業を中心とする工業が盛んなのか，交通網などから考察することができる
4 中央高地の産業 〔課題〕 中央高地ではなぜ農業や観光業が盛んなのだろうか	人間と自然環境との相互依存関係 「中央高地の農業・観光業は，自然環境からどのような影響を受けているのか」 空間的相互依存作用 「中央高地は他地域とどう結びついているのか」	中央高地では，冷涼な気候を生かし高原野菜や扇状地を生かした果物を栽培し，高速道路で三大都市圏などの大消費地へ出荷している。大都市への近さを生かした観光農園や，山岳地域の気候を生かしたスキーなどの観光業が盛んになっている	中央高地の農業・観光業は，自然環境からどのような影響を受けているのかを考えることができる
5 北陸の産業 〔課題〕 なぜ北陸では伝統工業や地場産業が盛んなのだろうか	人間と自然環境との相互依存関係 「北陸の産業は自然環境とどのような関係があるのだろうか」	北陸の伝統工業や地場産業は，冬の稲作ができない期間の農家の副業や江戸時代の藩の特産品から発展した	北陸の産業の特色を，自然環境や歴史的背景と関連付けて考えることができる

【主体的に学習に取り組む態度】 以下のことを子どもに問い，振り返りをさせる
・「何を学びましたか（知識）」→（例）中京工業地帯，東海工業地域，高原野菜，地場産業
・「何ができるようになりましたか（技能）」→（例）地図帳で読み取った情報を白地図にまとめることができるようになった
・「どのような概念をつかみましたか（汎用的な概念）」→（例）地域ごとに特色のある産業が盛んなのは，地形などの自然条件や交通網や歴史的背景といった社会条件と大きく関係している
・「新たに知ってみたいことは何ですか（調べてみたいことは何ですか）」→（例）他の地域でも，地域ごとに特色ある産業を行っているのか
・「今回学んだことはどのような時に役立ちますか」→（例）これから野菜を買った時には，産地を気にして見ていきたい

　この単元では，中部地方について平成29年版学習指導要領にある「産業を中核とした考察の仕方」に沿って学習します。中部地方は9つの県があり，全体的な産業の特色を捉えるのは難

しいため，ここでは東海，北陸，中央高地という地域区分で産業の特色を捉える構成にしました。

「1　中部地方をながめて」での見方・考え方は，「位置や分布」「場所」になります。中部地方は自然環境によって，東海，北陸，中央高地の３つの地域に分けられ，それぞれの特色をつかむことを目標とします。そのために，まず中部地方にある主な山脈，平野，河川を地図帳で確認させ，白地図に書き込ませます。次に，東海，北陸，中央高地の各地域の気候の特色を，雨温図を使ってまとめさせます。

「2　中部地方の人口や産業」での見方・考え方は，「場所」「人間と自然環境との相互依存関係」になります。工業と農業について，東海，北陸，中央高地の３つの地域の特色を，地図帳で代表的な工業製品や農産物を調べさせながら白地図にまとめさせます。ここでは，個人ではなく，グループを作り，東海，北陸，中央高地をそれぞれ分担してまとめさせ，発表させます。ここで，愛知県，富山県，長野県のそれぞれの工業出荷額と農業生産額の内訳を資料として提示し，地域によってそれぞれに特色があることを確認したうえで，なぜこのような違いが見られるのか問いかけます。次時の学習でさらに深く学習していくため，ここではそれほど深入りせず，土地利用や地形に着目させ，それぞれの地域では自然環境を生かして農業をしているという程度のことを押さえます。そして次の学習からは，「中部地方の３つの地域でそれぞれ特色ある産業が発達しているのはなぜだろうか」という視点で追究していくことを伝えます。

「3　東海の産業」での見方・考え方は「場所」「空間的相互依存作用」になります。まず，中京工業地帯の工業製品出荷額の資料を提示し，輸送機械の出荷額が一番多いことをつかませます。そのうえで「東海ではなぜ自動車工業を中心とする工業が盛んなのだろう」という学習課題を提示します。地図帳を活用し，工場が高速道路の近くにあることや，名古屋港，中部国際空港があることなどから，課題について考えさせます。

「4　中央高地の産業」での見方・考え方は「人間と自然環境との相互依存関係」「空間的相互依存作用」になります。中央高地ではレタス，キャベツ，白菜などの野菜の栽培が盛んであることを地図帳で確認します。東京中央卸売市場でのレタスの月ごとの県別入荷量の資料と，長野県の雨温図，周辺に高速道路があることを基に，中央高地で高原野菜の栽培が盛んな理由を考えさせます。また，大都市への近さを生かしてぶどう狩りやりんご狩りを行う観光農園や，山岳地域の気候を生かしたスキーなどの観光業が盛んになっていることもつかませます。

「5　北陸の産業」での見方・考え方は「人間と自然環境との相互依存関係」になります。富山県では地場産業として売薬があります。平成29年版学習指導要領では，地理的分野の内容の取扱いで，「地域の特色や変化を捉えるに当たっては，歴史的分野との連携を踏まえ」とあり，地理的分野において歴史的分野を関連付けて学習することが明記されています。この地理的事象を，江戸時代の富山の薬売りという歴史的背景と関連させて授業で取り上げます。そこで，本時は，発展的な学習として，学習指導要領で求められている歴史的分野との連携を意識

して授業を構成しました。具体的には，富山県で昆布の消費量が多いという地理的事象を歴史的背景と関わらせて因果関係を考えることを目指します。日本全国のだしの味の分布図[1]を見ると，西日本は昆布だしが中心で，東日本は鰹だしという特徴が見られます。この分布図の中で，富山県は昆布だしの境目となっています。

　これは，江戸時代の西廻り航路と富山の薬売りという歴史的背景が関わっています。江戸時代の富山藩は度重なる河川の氾濫で水害が続発し，財政が逼迫していました[2]。そのため，越中富山の薬売りと呼ばれた富山の薬売り商人たちが，北は松前藩から，南は薩摩藩まで全国を回り，薬を売ることになりました。また，清に昆布を輸出して大きな利益を得ていた薩摩藩は，富山の薬売りが北前船で松前から昆布を輸送することと引きかえに，藩内で商売をすることを認めていました[3]。薩摩藩に昆布をもたらした富山の薬売りは，さらにその見返りとして中国産の薬種を手に入れていました。昆布は北前船によって主に西廻り航路を通り，北前船の寄港地に昆布の食文化が生まれました。このようにして西日本では昆布だしの文化が生まれました。近年，この昆布が運ばれたルートは昆布ロードと呼ばれています。

　本時は導入で，日本全国のだしの味の分布図を提示し，西日本は昆布だしが中心で，富山県は昆布だしの境目となっていることをつかませたり，昆布の生産量全国1位が北海道で，昆布の消費量は富山県が多いことをつかませたりします。また，富山県のコンビニエンスストアで販売しているとろろ昆布おにぎりの写真を提示し，昆布が富山県の食文化になっていることを理解させます。

　次に，「北海道でとれる昆布がなぜ富山県でたくさん消費されるのだろうか」と問います。この課題に対して，北前船に関する資料，富山の薬売りに関する文章資料[4]を基に，歴史的背景と関わらせて因果関係を考えさせます。

　最初に個人で資料を読み取らせた後，グループで水害・財政難・北前船・薬売りの4つのキーワードを使って学習課題に対する答えをホワイトボードにまとめさせることにより，対話的な学びができるようにします。

　また，先ほども述べたように，本時は地理的分野と歴史的分野の連携を意識した授業なので，地図帳だけでなく，歴史的分野の教科書も活用させます。この学習活動を通して，例えば富山で水害が多い理由を，富山県に大きな河川が4つあることや，標高の高い山脈が多いことを地図帳で調べ，自然環境の特徴と水害が多い理由を関連付ける姿や，歴史的分野の教科書から西廻り航路に関する記述を探し，西廻り航路の特徴を確認する子どもの姿を期待します。

　これらの学習を通して，富山の地場産業としての売薬は歴史的背景があって成立していることを理解させます。

　次に，富山の売薬と同じような経緯をもつ地場産業や伝統工業を地図帳で調べさせ，なぜその地域でそれらが盛んなのかを考えさせることにより，北陸の産業の特色を，自然環境や歴史的背景と関連付けて考えさせることを目指します。詳しくは授業案で説明します。

2 授業案：「北陸の産業」（5時間目）

○第5時の目標（主な見方・考え方「人間と自然環境との相互依存関係」）
・北陸の伝統工業や地場産業は，冬の稲作ができない期間の農家の副業や江戸時代の藩の特産品から発展したことを理解することができる（知識及び技能）
・北陸の産業の特色を，自然環境や歴史的背景と関連付けて考えることができる（思考力，判断力，表現力等）

○授業展開例

		子どもの活動	指導上の留意点
導入 5分	課題把握	①だしが地域によって異なることを知る ②いつからこのような分布になったのか，予想する ③昆布の生産量全国1位が北海道で，昆布の消費量は富山県が多いことを知る	①日本全国のだしの味の分布図を提示する ③富山県のコンビニで販売しているとろろ昆布おにぎりの写真を提示し，昆布が富山県の食文化になっていることを伝える
展開1 25分	課題追究	①北海道でとれる昆布がなぜ富山県でたくさん消費されるのかを，資料から，水害・財政難・北前船・薬売りの4つのキーワードを使って学習課題に対する答えをまとめる ・富山藩では地図を見ると河川が多く，水害が多かったので，その対策で財政難になった。次に，その対策として全国各地へ行商販売を行う薬売りが登場した。薩摩藩は琉球や清との取引で昆布が必要で，藩内で薬を売ることの見返りとして昆布を要求した。そこで，北前船で北海道の松前藩から西廻り航路で昆布を輸送するようになった。こういった歴史があり，昆布が富山に根づいた ②江戸時代の富山の薬売りの存在が，富山県の地場産業としての売薬につながっていることを理解する	①北前船に関する資料，富山の薬売りに関する文章資料を配付する ①歴史的分野の教科書を活用するように伝える ①ホワイトボードに，フローチャートを作成してまとめるように伝える ②富山県は人口あたりの医薬品生産金額が第1位であることを資料[5]を見せて説明する

展開2 15分	課題追究	〔学習課題〕　なぜ北陸では伝統工業や地場産業が盛んなのだろうか	
		①富山の売薬と同じような経緯をもつ地場産業や伝統工業を地図帳で調べ，なぜその地域でそれらが盛んなのかを考える ・鯖江の眼鏡，輪島の漆器，金沢の金箔	①地形や自然環境と関わらせて考えるように助言する
まとめ 5分	課題解決	①本時のまとめを書く ・北陸の伝統工業や地場産業は，冬の稲作ができない期間の農家の副業や江戸時代の藩の特産品から発展した	①北陸では伝統工業や地場産業が盛んだという特色は，この地域だけの特色なのだろうかと問いかけ，他地域の学習と関連付ける意識を高める

　5時間の学習を終えた後，「中部地方の3つの地域でそれぞれ特色ある産業が発達しているのはなぜだろうか」という問いについて，これまでの学習を振り返らせ単元のまとめをさせます。

(小澤　裕行)

【註】
1）谷内達監修（2016）『社会科中学生の地理』帝国書院
2）富山県薬業連合会「富山のくすりアラカルト歴史と伝統」『富山のくすり』
　（http://www.toyama-kusuri.jp/ja/aracalte/history/index.html）2019年3月30日最終閲覧
3）日本昆布協会「こんぶろぐ」富山の薬売りが運んだ昆布
　（http://kombu-net.jugem.jp/?eid=1131）最終閲覧，2019年3月30日
4）文章資料は，前掲1）と2）を参考に作成した
5）富山県薬業連合会「富山県とくすりの深い関係」『富山のくすり』
　（http://www.toyama-kusuri.jp/ja/aracalte/relation/index.html）2019年3月30日最終閲覧

3 C 日本の様々な地域

(3) 日本の諸地域（計4時間）

⑤近畿地方——その他の事象を中核とした考察の仕方
～近畿地方のいまは，どのような歴史的背景からできたのだろう～

単元案

【本単元の目標】
　近畿地方において，歴史的背景が現在の観光や物流に影響し，世界とつながる役割を果たしてきたことを理解し，説明できるようになる。

授業タイトル／課題	主に働かせたい見方・考え方	身につけることの例	
		知識・技能	思考・判断・表現
1　近畿地方の特徴 〔課題〕 近畿地方の特徴を見つけよう	場所 「近畿地方にはどのような特徴があるのだろう」	主題図から近畿地方に歴史的背景に関する特徴があることを読み取れる	
2　歴史上の発展と現在―観光― 〔課題〕 近畿地方が外国人観光客をひきつける理由を考えよう	空間的相互依存作用 「歴史的背景と観光はどのように関連しているのだろう」 地域 「どうやって歴史的遺産を守っているのだろう」	古代の都の土地区画が残っていることを理解している	外国人観光客が多い理由を歴史的背景から説明できる
3　歴史上の発展と現在―流通― 〔課題〕 近畿地方と世界とのつながりを考えよう	空間的相互依存作用 「歴史的背景と現在の流通はどのように関連しているのだろう」 「近畿地方と世界はどのようにつながっているのだろう」 地域 「近畿地方が流通の拠点となった背景にはどのような歴史があったのだろう」	近世から近代にかけての大阪や神戸の歴史的出来事を正しく理解している	大阪や神戸が流通の拠点となった理由を歴史的背景から説明できる

4　外国人が過ごしやすい環境へ〔課題〕近畿地方がどのような地域なのかまとめよう	地域「近畿地方は世界とつながることで、どのような地域になっていくのだろう」		近畿地方と世界とのつながりについて、歴史的背景や現在の様子から時系列的に説明でき、これから発展するためにどうしたらいいかを考え説明できる

【主体的に学習に取り組む態度】　以下のことを子どもに問い、振り返りをさせる
・「何を学びましたか（知識）」→（例）歴史的背景と現在の発展につながりがあることがわかった
・「何ができるようになりましたか（技能）」→（例）歴史的背景を基に現在の出来事を説明できるようになった
・「どのような概念をつかみましたか」→（例）観光客が集まる場所は歴史上発展した場所であるとわかった
・「新たに知ってみたいことは何ですか（調べてみたいことは何ですか）」→（例）どこの国の人がどんな目的で近畿地方に来るのだろう
・「今回学んだことはどのような時に役に立ちますか」→（例）日本に住む外国人や旅行に来る外国人のことを考える時

　今回の単元案は、歴史的背景を中核とする授業を構想しました。歴史的背景が基となり、観光や流通の観点から近畿地方について学習します。なお、「空間的相互依存作用」では、複数の事象との関連について考えるだけでなく、近畿地方と諸外国とのつながりについても考えることも含まれるので、一部に複数の見方・考え方が載せてあります。

　1時間目は、子どもが近畿地方に関する知識を確認しつつ、近畿地方と歴史的事象との関連を実感できることを目標としています。小学校時代に京都府や奈良県に修学旅行に行った子どもであれば、古都の印象を話してもらうのもいいでしょう。また、その他の近畿地方の府県にも姫路城や熊野古道といった世界文化遺産があり、大阪城や高野山も歴史的な観光地で外国人観光客が集まる場所です。以上のような情報を、教科書や資料集などに載っている日本国内の世界遺産の分布図や外国人観光客に関するグラフを用いて読み取る活動も取り入れるといいと思います。訪日外国人に関するデータを閲覧できる日本政府観光局のホームページが便利です（https://statistics.jnto.go.jp/graph/#graph--lodgers--by--area）。

　2時間目は、京都市や奈良市に残る街並みや景観、建造物を挙げて歴史的事象との関連や保存の取り組みについて学習します。ここで重要なのは、現在も残る文化遺産が観光地となって外国人観光客をひきつけていることをおさえることです。京都の街並みに調和する外観のコンビニエンスストアの写真や碁盤の目のように区切られた通りがわかる地図などを根拠に歴史の中で形作られた現在の景観について観光を視点に考えられるといいです。

　3時間目は、大阪市や神戸市を中心とした流通の拠点としての側面について学習します。江

戸時代に天下の台所といわれた大阪の発展や，明治に開港した神戸の繁栄といった歴史的背景から近畿地方は流通の拠点となりました。現在では高速道路や鉄道も整備され，陸路も海路も充実しています。また，神戸に残る洋館や観光客の活用する空港の存在は，外国人とのつながりを示し，前時ともつながる内容となります。歴史上の，人と物を運ぶ流通の整備によって現在の流通の拠点としての近畿地方があるということを核に学習を進めます。

4時間目は，単元のまとめとし，外国人に過ごしやすい環境を作るための取り組みについて考え，歴史的背景から現在の近畿地方がどのような地域なのかをまとめます。取り組みの例として，外国人観光客向けに免税店のマークを貼る店が増えたり，観光地に多言語に対応したスタッフを雇ったりしています。また，関西の拠点となる都市・大阪には領事館があり，大阪で働く外国人もいます。最終的に歴史的背景から現在において，日本人だけでなく外国人にとっても過ごしやすい環境が整備された近畿地方を項目ごとに図と言葉でまとめられるといいです。

次頁第4時は歴史的背景が現在に見られる現象や取り組みの原因となっていることがわかるよう，上図を例に時系列的にまとめます。前時までに扱った観光や流通の事象を参考にして他の事象との関連を考えることを想定していますが，子どもの実態に応じて扱う事象を適宜選択するといいと思います。

下記に，右の授業案，まとめで扱う図の例を示します。
・**まとめで扱う図の例**

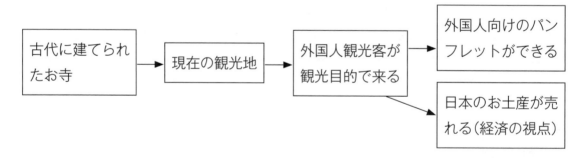

2 授業案:「外国人が過ごしやすい環境へ」(4時間目)

○本時の目標(主な見方・考え方「地域」)
・近畿地方と世界とのつながりを,歴史的背景や現在の様子から時系列的に説明でき,これから発展するためにどうしたらいいか考え説明できる(思考力,判断力,表現力等)

○授業展開例

		子どもの活動	指導上の留意点
導入 10分	課題把握	①前時までの学習を振り返りながら,過去から現在にかけて近畿地方がどのような地域であったのかを考える	①前時までの学習が歴史的事象と関連していたのに対し,本時はその延長線上に最近行われはじめた取り組みについて考えられるよう指示する
		〔学習課題〕 近畿地方がどのような地域なのかまとめよう	
展開1 15分	課題追究	①外国人が過ごしやすくなるための取り組みについて考える ・免税店の表示がある ・英語や中国語を話せる人が観光地で多く雇われている ・複数の言語の表示がある	①外国人観光客だけでなく,日本で働く外国人にとっても過ごしやすい取り組みについて考えられるよう助言する
展開2 15分	課題追究	①歴史的背景から現在の様子までわかったことや気づいたこと,考えたことなどを図や言葉でまとめる ・外国人観光客のおかげでお土産が売れるようになった(経済の視点)	①前時までは観光と流通に関する事象との関連しか扱っていないが,その他の事象との関連にもつながりを見つけられるよう助言する
まとめ 10分	課題解決	①まとめを全体に向けて発表する ・古代に建てられたお寺が残ったことで現在の観光地として多くの外国人客がお寺に訪れている。そのため,外国人向けのパンフレットが置かれ,近くのお店では日本のお土産が売れるようになったと考えられる	①時系列的に複数の事象を関連付けて説明できるよう,図だけではなく言葉による補足をするよう助言する 複数の子どもの考えを線で結ぶことで,関連がわかるように板書する

(宇野 奈苗)

3 C 日本の様々な地域

(3) 日本の諸地域（計5時間）

⑥中国・四国地方──人口や都市・村落を中核とした考察の仕方
～中国・四国地方はなぜ人口分布に偏りがあるのだろうか～

1 単元案

【本単元の目標】
　中国・四国地方の人口分布の偏りについて自然環境，産業，交通網の視点で考察することができる。

授業タイトル／課題	主に働かせたい見方・考え方	身につけることの例	
		知識・技能	思考・判断・表現
1　中国・四国地方をながめて〔課題〕中国・四国地方は人口分布にどのような特色が見られるのだろうか	位置や分布「中国・四国地方の人口はどのように分布しているのだろうか」	人口は瀬戸内地方に集中している。中国・四国地方の特徴的な人口の分布には，瀬戸内海・中国山地・四国山地といった自然環境が影響している	人口分布の特徴を自然環境と関連させて考えることができる
2　中国・四国地方の産業〔課題〕瀬戸内地方ではどのような産業が盛んになって人口が増えたのだろうか	位置や分布「瀬戸内地方はなぜ人口が集中しているのだろうか」場所「瀬戸内地方はどのような産業が盛んなのだろうか」	瀬戸内地方に人口が集中するのは，1960年代から様々な工業が発展し，瀬戸内工業地域が形成されたことと関係している	瀬戸内地方に人口が集中する理由を工業地域への農村部からの人口移動と関連付けて考えることができる
3　地方中枢都市・広島〔課題〕地方中枢都市・広島はどのように発展してきたのだろうか	場所「広島市はどのような特徴がある場所か」	広島市は，地方中枢都市として政治や経済の中心的な役割を果たしている。人口集中による住宅不足や交通渋滞などの問	主要官公庁が集まっていることなどから広島市に人口が集中する理由を考え，広島市が果たす役割を考えることができる

			題が起きている	
4　人口減少と地域の悩み 〔課題〕山間部や離島ではどのような課題に直面しているのだろうか	場所 「中国・四国地方の山間部や離島はどのような特徴をもつのか」		中国・四国地方の山間部や離島は人口の減少や高齢化が進む過疎化に悩む地域が広がっている。様々な課題がありそれを解決しようとしている	過疎化によりどのような課題が生じているか，課題に対する解決方法を考えることができる
5　交通網の発展による地域の変化 〔課題〕交通網の発展は，中国・四国地方にどのような影響を与えたのだろうか	空間的相互依存作用 「交通網の発展によって中国・四国地方は他地域とどのような結びつきをするようになったか」		高速交通網の整備や本州四国連絡橋の建設により，九州地方や近畿地方の結びつきが強くなった。一方で，ストロー現象などのマイナスの影響も出ている	交通網による地域の変化について，地域にとってのプラスの面とマイナスの面の両面から考えることができる

【主体的に学習に取り組む態度】　以下のことを子どもに問い，振り返りをさせる
・「何を学びましたか（知識）」→（例）瀬戸内工業地域，ストロー現象，地方中枢都市，町おこし
・「何ができるようになりましたか（技能）」→（例）人口分布図を読み取ることができるようになった
・「どのような概念をつかみましたか（汎用的な概念）」→（例）人口の分布は，自然環境や産業，交通網といった様々な要因と結びついている
・「新たに知ってみたいことは何ですか（調べてみたいことは何ですか）」→（例）他の地域でも，中国・四国地方のような人口分布の偏りがあるのか
・「今回学んだことはどのような時に役立ちますか」→（例）人口が偏って存在しているところには理由があるので，それについて考えていきたい

　この単元では，中国・四国地方について平成29年版学習指導要領にある「②人口や都市・村落を中核とした考察の仕方」に沿って学習します。
　「1　中国・四国地方をながめて」での見方・考え方は「位置や分布」になります。ここでは，「日本の地域的特色と地域区分」（本書の78頁）内で学習した人口分布図を再度提示し，日本の人口が三大都市圏に集中していることを簡単に復習します。その後，中国・四国地方は特に瀬戸内地方に人口が集中していることをつかませます。次に，中国・四国地方にはどのような山地や平野があるのかを地図帳を使って調べさせます。そのうえで人口分布の特徴を自然環境と関連させて考えさせます。また鳥取市，高松市，高知市の雨温図の読み取りを通して，それぞれの気候の特色は瀬戸内海や中国山地，四国山地が大きく関係していることや，山陰・瀬戸内・南四国といった地域の分け方にも影響していることを学ばせます。

「2　中国・四国地方の産業」での見方・考え方は「位置や分布」「場所」になります。前時の学習を踏まえ，なぜ瀬戸内地方に人口が集中しているのかと問い，予想を立てさせます。次に，「瀬戸内地方ではどのような産業が盛んになって人口が増えたのだろうか」という学習課題を提示します。中国・四国地方ではどの地域でどのような産業が盛んなのかを調べることを通して，瀬戸内地方が工業地域として発展してきたことや，工業地域への農村部からの人口移動と関連付けて考えさせます。

「3　地方中枢都市・広島」での見方・考え方は「場所」になります。中国・四国地方の都市の人口のランキングを提示し，広島市が中国・四国地方で一番人口が多いことや，広島県の人口の4割以上が広島市に集中していることをつかませます。次に広島市の人口の移り変わりのグラフを提示し，市町村合併によって市の面積と人口が増えたことや主要官公庁が集まっていることから広島市に人口が集中する理由について考えさせます。この学習活動により，広島市は，地方中枢都市として政治や経済の中心的な役割を果たしていることを理解させます。次に，人口が集中することによってどのような問題が起きているかを調べさせます。この活動を通して，広島市は住宅不足や交通渋滞などの問題を抱えており，これらの問題を解消するために，再開発や公害への対応，企業，大学の誘致などをしていることを理解させます。広島市の交通の問題については，広島市のホームページ[1]に，授業で活用できる情報が掲載されてい

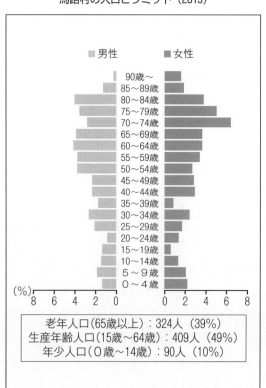

馬路村の人口ピラミッド（2015）

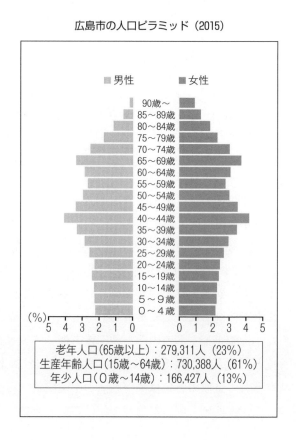

広島市の人口ピラミッド（2015）

ます。

「4 人口減少と地域の悩み」での見方・考え方は「場所」になります。中国・四国地方の市町村別人口増減率の主題図の読み取りから，特に山間部や離島において過疎化がすすんでいることをつかませます。次に過疎地域の人口ピラミッドと広島市の人口ピラミッドのグラフを比較させ，これらの地域は高齢者の割合が非常に高いという特徴があることをつかませます。ここで提示する人口ピラミッドの資料作成については，本書の79頁で紹介したRESASを活用します。次に，中国・四国地方の過疎が進む地域ではどのような問題が起きているかを調べさせます。そして，高知県馬路村では特産であるゆずの加工品を開発し，付加価値をつけて販売することで，地域に新しい産業の可能性を生み，若い世代に働く場所をつくり，まちづくりへと発展しつつあることを学習させます。馬路村を紹介する際，馬路村で販売しているゆず飲料の実物を子どもに見せると興味をもたせることができます。

「5 交通網の発展による地域の変化」での見方・考え方は「空間的相互依存作用」になります。「交通網の発展によって中国・四国地方は他地域とどのような結びつきをするようになったか」という視点で授業を構成します。交通網の発展というのは，具体的には本州四国連絡橋を指します。授業では，本州四国連絡橋ができたことにより，もの・人の移動が大幅に変化したことを取り上げます。この授業案を作成するうえで参考にした資料は，NEXCO西日本『国を結ぶ，四国を結ぶ。これからも。』[2]です。例えば，下の資料からわかるように，香川県産のブロッコリーやレタスの多くは，関東地方に出荷されます。これは，交通網の発達が影響しています。

授業の導入では，中国・四国地方の人たちはどのような交通手段を多く利用するかを考えさせたうえで，瀬戸大橋の写真を子どもに見せ，瀬戸大橋が中国・四国を結ぶ大動脈であることをつかませます。

次に学習課題「交通網の発展は，中国・四国地方にどのような影響を与えたのだろうか」を提示します。先ほど示したような様々な資料を提示しながら，交通網の発展のプラス面，マイナス面を子どもに考えさせる学習活動を通して，学習課題について考えさせます。

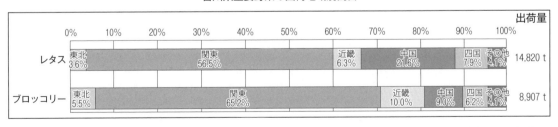

香川県主要野菜の出荷地域別割合

このような資料を通して，交通網の発展のプラス面，マイナス面を子どもに考えさせます。詳細は授業案で説明します。

2 授業案:「交通網の発展による地域の変化」(5時間目)

○第5時の目標(主な見方・考え方「空間的相互依存作用」)
・交通網の発展は,地域の人口移動に大きな影響を与えることを理解することができる(知識及び技能)
・交通網による地域の変化について,地域にとってのプラスの面とマイナスの面の両面から考えることができる(思考力,判断力,表現力等)

○授業展開例

		子どもの活動	指導上の留意点
導入 3分	課題把握	①中国・四国地方の人たちはどのような交通手段を多く利用するか考える ・自動車,鉄道,船,飛行機,	①瀬戸大橋の写真を提示し,瀬戸大橋が中国・四国を結ぶ大動脈であることをつかませる
		〔学習課題〕 交通網の発展は,中国・四国地方にどのような影響を与えたのだろうか	
展開1 20分	課題追究	①資料を基に,交通網の発展のプラス面ついて考える ・1980年代と比べて,現在は高速道路の建設により,中国・四国地方の多くの地域が結ばれるようになった ・岡山県・香川県間の通勤・通学者数が大幅に伸び,交流が活発になったことをつかむ ②本州四国連絡橋の建設などの交通網の発展により,人口の移動だけでなく,農産物が大消費地へ出荷できるようになったことをつかむ	①教科書や資料集によく掲載されている中国・四国地方の交通網の変化の資料を提示する ①岡山県・香川県間の通勤・通学者数の変化の資料を提示する ②香川県主要野菜の出荷地域別割合の資料を提示し,香川県産のレタスやブロッコリーが高速道路によって関東へ出荷されていることを説明する
展開2 20分	課題追究	①交通網の発展による,地域へのマイナス面を考える ・買い物客が中国地方や近畿地方の都市に出かけやすくなり,四国地方では商業が衰える地域が出てきた ・連絡船やフェリーが廃止され,不便になった離島などの地域がある	①徳島県から京阪神地方への平均訪問回数と泊数の資料を提示する ①交通網の発展により,ストロー現象が起きている地域があることを説明する
まとめ 7分	課題解決	①本時のまとめを書く ・交通網の発展は,都市と農村の時間距離を縮め,他地域との結びつきを強める一方で,地域の経済を衰退さ	①中国・四国地方で見られた人口の集中や過疎問題は,この地域だけの特徴なのだろうかと問いかけ,他地域の学習と関連付ける意識を高める

| | | せることがある | |

　交通網の発展はプラスであると子どもは捉えがちです。例えば，高速道路が整備されたことにより，高速道路沿いの市町村では工業団地が作られたり，人口が増加したりするといったプラスの面があります。また，農産物が大消費地へ出荷できるようになったという面もあります。交通網の発展は，他地域との結びつきを強くする一方で，マイナスの面もあります。買い物客が中国地方や近畿地方の都市に出かけやすくなり，四国地方では商業が衰える地域が出てきたことや，連絡船やフェリーが廃止され，不便になった離島などの地域があるといったことです。人口の移動は，地域の経済にも大きな影響を与えます。

　交通網の発展のプラスの面だけでなく，マイナスの面を考えさせることを通して，交通網の発展が人口移動に大きな影響を与えることを理解させることが重要です。

　単元のまとめとして，「中国・四国地方はなぜ人口分布に偏りがあるのだろうか」という問いについて，これまで学習したことを基にまとめさせる学習が考えられます。学習の最後に，「中国・四国地方で見られた人口の集中や過疎問題は，この地域だけの特徴なのだろうか」と問いかけます。これにより，今後，他地域の学習をしていく際に，人口や都市・村落といった視点で考察しようとする意識や，中国・四国地方と他地域を比較する意識を高めましょう。

(小澤 裕行)

【註】
1) 広島市ホームページ「公共交通体系づくりについて」
　(http://www.city.hiroshima.lg.jp/www/contents/1385630312701/index.html) 2019年3月30日最終閲覧
2) NEXCO 西日本 (2017)『国を結ぶ，四国を結ぶ。これからも。』
　(https://www.w-nexco.co.jp/anniversary/takamatsu30/ayumi.pdf)
3) 香川県農政水産部 (2018)『統計で見る香川の農業・水産業』p.12
　(https://www.pref.kagawa.lg.jp/nousui/toukei/all.pdf)

3 C 日本の様々な地域

(3) 日本の諸地域（計6時間）

⑦九州地方——環境保全を中核とした考察の仕方
～環境保全に必要なものは何か～

1 単元案

【本単元の目標】
　水俣病に取り組む人々の活動を学ぶとともに，環境保全のために必要なことは何かを理解し，表現することができる。

授業タイトル／課題	主に働かせたい見方・考え方	身につけることの例	
		知識・技能	思考・判断・表現
1　九州地方をながめて〔課題〕九州地方はどのような地方だろうか	位置や分布「九州地方の位置，気候，地形にはどのような特色があるのだろうか」	カルデラや桜島など中南部には火山が多いことや，気候面では温暖で台風などが多いことを理解している	北部と南部の農業が異なっている原因が火山によるものであると考えることができる（北部は米作，南部は畑作が多い）
2　水俣病について〔課題〕水俣病によって人々はどのような影響を受けたのだろう	場所「公害が起きたことによって，人々はどのようにそれに取り組んでいったのだろうか」	水俣市が大きな被害を受けたことや現在は様々な取り組みをし環境モデル都市になっていることを理解できる	水俣市の過去や現在の取り組みを資料から読み取り，考えをまとめることができる
3　水俣市の誇れる町への取り組み①〔課題〕水俣市ではどのようにして地産地消を進めているのだろう	場所「どのような地域にしていくべきだろうか」	水俣ブランドという独自のブランドをつくったり，給食で地元のものを取り入れたりしていることに気付き，地産地消を大切にしていることを理解する	地産地消を大切にしている反面，それらにともなう問題点などについて考え発表することができる

4 水俣市の誇れる町への取り組み② 〔課題〕水俣市はどのようにリサイクルを進めているのだろう	場所 「どのような地域にしていくべきだろうか」	水俣市がリサイクルを徹底させていることに気付き，産業において廃棄物を出さないゼロ・ミッション構想を大切にしていることを理解する	ゼロ・ミッション以外に廃棄物を排出しないものはあるだろうかなど，多面的にリサイクル問題について考え発表することができる
5 水俣に生きる人 〔課題〕なぜ水俣市に戻ったのだろう	場所 「水俣市への偏見に対し人々はどのように取り組んだのだろうか」	水俣市の海を守りたい，安全な食を提供したい，水俣市に対する差別・偏見をなくしたいという願いを理解する	公害についての偏見（原発問題なども）に対し，自分たちならどうしていけばいいか考え，発表できる
6 九州地方の環境への取り組み 〔課題〕環境保全に必要なものは何か	地域 「豊かな自然を守るために九州の人々はどのような取り組みを行っているのだろうか」	農業や工業，地域における取り組みがあることに気付き，九州地方では人々の協力を得ながら持続可能な社会を実現しようとしていることを理解する	九州地方での環境問題・環境保全に対する取り組みについて，農業や工業，地域の取り組みについてまとめて発表することができる

【主体的に学習に取り組む態度】 以下のことを子どもに問い，振り返りをさせる
・「何を学びましたか（知識）」→（例）カルデラ，シラス台地，エネルギー革命，環境保全，環境モデル都市
・「何ができるようになりましたか（技能）」→（例）リサイクル率とごみ排出量の移り変わりを読み取ることができるようになった
・「どのような概念をつかみましたか（汎用的な概念）」→（例）自然の自浄能力をこえた人間の活動は自然を破壊してしまうことがあるため，持続可能な開発をしていくことが大切である。地域の人々の協力が持続可能な社会を実現するために必要不可欠である
・「新たに知ってみたいことは何ですか（調べてみたいことは何ですか）」→（例）他地域でも同様の問題を抱えている地域はないか
・「今回学んだことはどのような時に役立ちますか」→（例）環境が破壊されそうになったら，自分たちの生活を振り返らなければならないと，一歩立ち止まる時に役立つと思う

　この単元では，九州地方について平成29年版学習指導要領にある「自然環境を中核とした考察の仕方」に沿って学習します。

　「1　九州地方をながめて」での見方・考え方は「位置や分布」になります。まず九州地方にはどのような山地や平野があるのかを地図帳を使って調べさせます。また那覇市，宮崎市，福岡市の雨温図を提示し，それぞれの気候の特色を読み取らせます。そして，活動を続ける桜島や阿蘇山といった火山があり，それに関連させ，カルデラやシラス台地を学ばせます。この

後の授業では，水俣病のことが中心になりますので，ここで九州の自然環境についてしっかりと学びます。

「2　水俣病について」での見方・考え方は「場所」になります。ここは実際の授業案で説明しますが，例えば，まず，映像を観ることで，水俣病の恐ろしさを知らせます。そして，水俣病が発生した原因，当時の人々の反応，工場や国の対応の3つの視点の資料を提示し着目させます。そうすることによって，水俣市の過去や市民たちの現在の取り組みを資料から読み取り，まとめさせます。

「3　水俣市の誇れる町への取り組み①」での見方・考え方は「場所」になります。例えば，水俣市の独自の取り組みについて具体的に提示し，地域への地産地消へとつながっていることを明らかにします。それにより，水俣市の農業が安心・安全な食を提供することを目標に地産地消を大切にしていることを考えることができます。

「4　水俣市の誇れる町への取り組み②」での見方・考え方は「場所」になります。例えば，リサイクルを行うための企業があり，リサイクル企業や行政が連携していることを明らかにします。水俣市の工業が環境に配慮してリサイクルを徹底していることを理解させます。

「5　水俣に生きる人」での見方・考え方は「場所」になります。例えば，これまでの学習を振り返りながら，「一人でできるのか」と問い直すことで人々の協力が必要であることに気付くことができるようにします。そうすることで，持続可能な社会を実現していくには，環境を保全する活動だけでなく，地域に住む人々の協力が必要であることを子どもたちに理解させます。

「6　九州地方の環境への取り組み」での見方・考え方は「地域」です。例えば，これまでの学習を振り返りながら，農業や工業，地域において環境を守る取り組みがあることに気付くようにします。そうすることで，九州地方での環境問題・環境保全に対する取り組みについて，農業や工業，地域の取り組みから自分の考えを適切に説明できるように指導します。

2 授業案「水俣病について」（2時間目）

○第2時の目標（主な見方・考え方「場所」）
- 水俣市が大きな被害を受けたことや現在は様々な取り組みをし環境モデル都市になっていることを理解できる（知識及び技能）
- 水俣市の過去や現在の取り組みを資料から読み取り，自分なりに考えることができる（思考力，判断力，表現力等）

○授業展開例

		子どもの活動	指導上の留意点
導入 3分	課題把握	①水俣病に関わる映像を見る ・こんなにひどいなんて思わなかった ・なぜこんなに健康被害が出たのか	①映像を観ることで，水俣病の恐ろしさを知ることができるようにする
		〔学習課題〕 水俣病によって人々はどのような影響を受けたのだろう	
展開1 15分	課題追究	①資料を活用し，課題に対する自分の考えをまとめ，交流する ・工場の排水が原因。川にすむ魚を食べたことで，人間に健康被害が出た。安心して食べていたもので水俣病になってしまったなんてひどすぎる ・当時の人々は，恐ろしい病気だと水俣病の人々を差別していた	①水俣病が発生した原因，当時の人々の反応，工場や国の対応の3つの視点の資料を提示する ①視点とキーワードを明らかにしながら，矢印を使ってまとめるように助言する
展開2 25分	課題追究	①水俣市が環境保全に取り組み，環境モデル都市に指定されていることから，単元を貫く課題をつくる ②環境保全にとって必要なものは何かに対する意見を出させる	①環境モデル都市についての資料を丁寧に読み込む ②子どもなりの意見を尊重しながら，授業をすすめたい
		〔学習課題〕 環境保全に必要なものは何か	
まとめる 7分	課題解決	①本時のまとめをする ・水俣市はいまでは環境保全に取り組んで環境モデル都市になっている。どのように取り組んできたのか。これから学習したい	①自分たちの身の回りにも公害はないのか等，考えさせることも大事である

（伊澤　直人）

【参考資料】
- 高峰武（2016）「水俣病を知っていますか」『岩波ブックレット』岩波書店

3 C 日本の様々な地域

(4) 地域の在り方（10時間）

地域的特色や地域の課題と関連付けて考察する地域の在り方

1 学習指導要領での位置付け

　中項目「(4) 地域の在り方」は，空間的相互依存作用，地域などに関わる視点に着目して，地域の在り方を地域的特色や地域の課題と関連付けて多面的・多角的に考察し，表現する力を育成することを主なねらいとしています。

　中項目「(4) 地域の在り方」は，世界と日本の様々な地域を学習した後に位置付けられ，中学校社会科の地理的分野のまとめとして行われます。既習の知識，概念や技能を生かすとともに，地域の課題を見出し考察するなどの社会参画の視点を取り入れた探究的な学習になることが望まれます。そして主権者として，地域社会の形成に参画しその発展に努力しようとする態度を育むことが大切です。

　学習指導要領では，中項目「(4) 地域の在り方」で身につけるべき，知識及び技能や思考力，判断力，表現力等は以下のようになっています。

ア　次のような知識・技能を身に付けること。
　(ア)　地域の実態や課題解決のための取組を理解すること。（補足：地域においてどのような地理的な事象が見られ，どのような地理的な課題が生じているか，また「地域の在り方」をめぐってどのような課題解決のための議論や取り組みが行われているかなどについて理解することを意味している。また，基本的には，空間的相互依存作用や地域などを視点とする社会的事象の地理的な見方・考え方で捉えることのできる，可視的な事象が考えられる。例えば，自然環境の保全，人口の増減や移動，産業の転換や流通の変化，伝統文化の変容などの実態や，その解決に向けた取り組みなどが考えられる）
　(イ)　地域的な課題の解決に向けて考察，構想したことを適切に説明，議論しまとめる手法について理解すること。（補足：ここで取り上げる課題が「具体的に地域の在り方を考察できるような」（内容の取扱い）規模のものを想定していることを意味している。また，考察，構想したことを適切に説明，議論しまとめる手法については，課題の要因について文章や地図，統計，モデル図などを用いて他者に説明したり，課題の解決策について根拠に基づいて個人の意見を述べたり，多様な意見を集団として集約したりするといったことを意味している）

イ 次のような思考力，判断力，表現力等を身に付けること。
(ア) 地域の在り方を，地域の結び付きや地域の変容，持続可能性などに着目し，そこで見られる地理的な課題について多面的・多角的に考察，構想し，表現すること。（補足：地理的な課題については，内容のCの「(1) 地域調査の手法」における「適切な主題」の解説でも触れたように地理的な事象に関わる課題を意味しており，例えば，交通・通信網といった社会資本の整備やその活用に関わる「地域の結び付き」や，人口や産業の構造の変化がもたらす「地域の変容」，自然環境と人々の生活との関わりが影響し合う「持続可能性」などに着目して，課題を設定し，考察することが考えられる）

2 単元案・授業案

①単元案

【本単元の目標】
　この単元では，課題を追究したり解決したりする活動を通して，地域の在り方を多面的・多角的に考え，まとめることを目標とする。

　中項目「(4) 地域の在り方」について，以下のように単元案を考えてみました。これまで地域調査については，「世界の様々な地域の調査」や「身近な地域の調査」という，対象地域によって異なる2つの中項目からなっていました。今回の改訂で内容構成が見直され，子どもの生活舞台を主要な対象地域とした，観察や野外調査，文献調査などの実施方法を学ぶ「地域調査の手法」と，地域の将来像を構想する「地域の在り方」の二つの中項目に分け，再構成することとなりました。このことは，対象地域のスケールの違いによって項目を分けるのではなく，技能の習得を中心とする学習と，地域の地理的な課題の解決を中心とする学習との目的の違いによって項目を分けることで，学習のねらいを明確にし，その確実な実施を意図したものです。ここでは，地域の在り方を地域的特色や地域の課題と関連付けて考えていくことを中心に単元案を考えてみました。

授業タイトル／課題	主に働かせたい見方・考え方	身につけることの例	
		知識・技能	思考・判断・表現
1 私たちの町の課題〔課題〕私たちの住む町では、どのような現象として表れているだろうか	地域「日本各地では、どのような課題が見られたか」「私たちの住む町では、どのような現象として表れているだろうか」		日本各地で見られた課題が、自分たちの住む町でどのような現象として表れているか考えることができる
2 私たちの町の人口〔課題〕私たちの町では、どのような課題が生じているだろうか	地域「私たちの町では、どのような課題が生じているだろうか」		住民、行政、企業など様々な立場に立って私たちの町における課題を見出すことができる
3・4 学習課題1の追究〔学習課題1〕なぜ高浜市の人口は増え続けていくと予測されているのだろうか	空間的相互依存作用「高浜市の人口は、周りの市とのどのような関係があるだろうか」地域「高浜市と同じように人口が増えている町の理由は何だろうか」		人口が増え続けている町の理由と比べることで、高浜市の人口は増え続けると予想されている理由について考えることができる
	地域「なぜ高浜市の人口は増え続けていくと予想されているのだろうか」		高浜市の人口は増え続けると予想されている理由について、まとめたり、発表したりすることができる
5・6 学習課題2の追究〔学習課題2〕このまま老年人口が増え続けていくことについて、高浜市では大丈夫なのだろうか	地域「高浜市と同じように老年人口が増えている町と比べてみよう」		人口が増え続け、老年人口が増えることの問題について考えることができる
	地域「このままで、高浜市は大丈夫だろうか」		人口が増え続け、老年人口が増えることの問題について、まとめたり、発表したりすることができる

7 調査したことをまとめよう① 〔課題〕資料を整理して，分析をしよう	地域 「なぜ高浜市の人口は増え続けていくと予想されているのだろうか」 「このままで，高浜市は大丈夫だろうか」	自分たちの町の実態や課題解決のための取り組みについて理解することができる	いままでに学習してきたことを踏まえて，課題をまとめることができる
8 調査したことをまとめよう② 〔課題〕結果をまとめて，発表の方法を決めよう	地域 「なぜ高浜市の人口は増え続けていくと予想されているのだろうか」 「このままで，高浜市は大丈夫だろうか」	↓	↓
9・10 発表会を開こう 〔課題〕高浜市の今後について考えよう	空間的相互依存作用 「高浜市の人口は，周りの市とのどのような関係があるだろうか」 地域 「高浜市は，どのようなところだろう」	↓	自分たちがまとめたことと，他のグループの発表を聞いて，どのような町であるかまとめることができる

【主体的に学習に取り組む態度】 以下のことを子どもに問い，振り返りをさせる
・「何を学びましたか（知識）」→（例）高浜市の将来について。高浜市の実態や課題解決のための取り組み
・「何ができるようになりましたか（技能）」→（例）地域の在り方について立場の違いから考えることができるようになった
・「どのような概念をつかみましたか」→（例）人口問題には，地域によって違いがあること
・「新たに知ってみたいことは何ですか（調べてみたいことは何ですか）」→（例）高浜市の産業が変化してきていることも課題の一つなので，それについても調べてみたい
・「今回学んだことはどのような時に役立ちますか」→解決策を考えていく授業だったので，いろいろな解決策を考えるときに役立つと思う

「1 私たちの町の課題」では，いままで地理で学習してきたことを基に，日本各地で課題となっている問題について振り返るところからはじめます。突然自分たちの町の課題を見出すことはできないので，まずは2年間の地理的学習を踏まえて，「日本各地では，どのような課題が見られたか」について考えていきます。例えば，自然環境の保全，人口の増減や移動，産業の転換や流通の変化，伝統文化の変容などが考えられるでしょう。それらの課題の中から私たちの住む町で表れている現象について考えていきます。その課題は，「私たちの住む町では，どのような現象として表れているだろうか」と問うことで，自分たちの町における問題として考えられるようにします。

2年間の地理的分野の学習のまとめにもなるので，ここでの見方・考え方は基本的には「地

域」になります。地域の課題の一般的共通性と地方的特殊性を踏まえながら考えていけるといいです。

　「2　私たちの町の人口」では，前時で出てきた課題の内，「地域の在り方」を住民，行政，企業など様々な立場に立って考えていける学習活動になるような問題を一つ取り上げます。ここでは「地域」に着目した結果，私たちの町の人口問題について考えていくことが学習活動の主題として提起されたという設定ですすめることとします。例として，全国的に人口減少が進む現代において，近年，人口が微増している愛知県高浜市を取り扱います。高浜市においては，人口は増加し続けていますが，人口構造については，高齢化の進行は顕著に進んでいます。また，総面積が13.11㎢（2013年1月1日時点）で，その50％が宅地である高浜市において，どれくらいの可住面積が確保できるかという課題があります。主題をきめるには，様々な立場から見ることができる資料やデータを子どもに提示しておくことが大切です。各市町村のホームページや図書館などを使って，資料を集めておくことができるでしょう。

　主題が設定された後には，「地域の在り方」を考えるという学習の目的を達成するために，学習課題を設定していきます。「総人口・年齢区分別人口の推移・推計」や「年齢区分別人口の状況」などの資料を使って，私たちの町における課題を見出していきます。高浜市においては，年少人口（0～14歳）は，2010年（平成22年）に，すでにピークを迎えています。また，総人口に占める割合は年々減少していくことが予想されています。生産年齢人口（15～64歳）は，2025年（平成37年）にピークを迎えることが予想されています。年少人口同様，総人口に占める割合も年々減少していく予想です。その一方で，老年人口（65歳以上）は今後40年増え続けていくことが予想されています。

　そこで，学習課題1を「なぜ高浜市の人口は増え続けていくと予測されているのだろうか」と設定します。ここでの見方・考え方も「地域」になります。自分たちの住む町を大きく捉えて，課題を設定していきます。

　「3・4　学習課題1の追究」では，学習課題1「なぜ高浜市の人口は増え続けていくと予測されているのだろうか」について調べていきます。「地域調査の手法」において，学習の進め方については押さえてあります。今回は人口問題を取り扱っているので，文献調査が中心になるでしょう。必要に応じて，いままでに学習してきた観察や野外調査，聞き取り調査などを行っていくことを確認します。また，類似の課題が見られる国内外の他地域と比較，関連付けを通して考えていくことも重要です。同じように人口が増えている町を事例として，大都市に隣接した町がベッドタウン化している事例，交通網が発達している事例，多くの公園や自然の場所を整備した事例，自治体の子育て支援を重視した事例などと比較・関連付けることが考えられます。ここでの見方・考え方は「空間的相互依存作用」や「地域」になります。類似の課題が見られる地域との比較を通して，地域の特徴を考えていきます。

　これらの事例と比較・関連付けをすることで，交通・産業・自治体の取り組みによる工夫が

人口の増加に役立っていることを考察することができます。しかし，高浜市においては，人口総数が微増する予想が出ていますが，若年人口は減少し，老年人口が増加し続けるという高齢化社会に向かっていることも併せて考える必要があります。そこで，学習課題2を「このまま老年人口が増え続けていくことについて，高浜市では大丈夫なのだろうか」と設定します。

「5・6　学習課題2の追究」では，学習課題2「このまま老年人口が増え続けていくことについて，高浜市では大丈夫なのだろうか」について考えていきます。ここでは，類似の課題に直面しつつ，それを先進的に克服してきた地域と比較，関連付けを通して考えていくことが大切です。多様なライフスタイルを可能にする自立支援に力を入れている事例，地域社会への参画を促進する事例，世代間の連絡を取り合える仕組みを作る事例などがあります。このように，同じように老年人口が増えている町の事例を比較・関連付けることで，地域の特徴を捉えていきます。そして，今後の高浜市について考える時間を設定します。「地域の在り方」では，地域の地理的な課題の解決を中心とする学習を進めていく必要があります。そのため，ここでの見方・考え方は「地域」になります。

「7　調査したことをまとめよう①」「8　調査したことをまとめよう②」では，子どもたちが調査して集めてきた資料や情報を整理していきます。その際，調べてきたことを地図やグラフ，図表などに表していきます。次に，作成した資料をグループで読み取り，資料を組み合わせたり，比較したりすることで，分析をしていきます。ここでの見方・考え方はいままでと同様に基本的に「地域」になります。

分析の結果，わかったことを結果としてまとめます。そのまとまった結果をどのように発表していくかについても話し合いましょう。ここでは，発表会での役割分担を決めることが大切です。

「9・10　発表会を開こう」では，発表会を行います。自分たちの発表だけでなく，他のグループの発表を聞いて，違った見方・考え方や新たにわかったことや疑問に思ったことをメモしながら聞いていきます。

②授業案:「学習課題①の追究」(3時間目)

○第3時の目標(主な見方・考え方「空間的相互依存作用」「地域」)
・人口が増え続けている町の事例と高浜市の人口を比べる活動をすることを通して,高浜市の人口が増え続ける理由を考えることができる(思考力,判断力,表現力等)

○授業展開例

		子どもの活動	指導上の留意点
導入 10分	課題把握	①高浜市における人口問題について振り返る →高浜市の人口は増えていくことが予想されている 〔学習課題〕 なぜ高浜市の人口は増え続けていくと予想されているのだろうか ②自分の予想を立てる	①前時に設定した学習問題を確認する ②いままで地理の学習で学んだことと関連させながら,予想をするようにする
展開1 15分	課題追究	①人口が増えている町の事例を学ぶ 大都市に隣接した町がベッドタウン化している事例,交通網が発達している事例,多くの公園や自然の場所を整備した事例,自治体の子育て支援を重視した事例など	①人口が増えている町の事例を資料で提示する。その資料からわかることを発表させる
展開2 15分	課題追究	①各事例と高浜市の問題とつながりが見える部分を考える →高浜市の周りにも大きな市がある →新しい道ができて,交通網が発達してきている	①人口が増えている町の事例から,高浜市にもつながることを考えさせる
まとめ 10分	課題解決	①本時の課題について考え直す ・高浜市に住んで,隣の刈谷市などに働きに行っている人がいる。だから人口が増えていくんだ	①人口が増えている町の事例とつなげて振り返りができるようにする

　自分の調べている町だけでなく,他の地域と比べることで,相違点がはっきりしてきます。違った視点から考えられるような時間にするとよいです。

(浜下　洋之)

おわりに

　本書は20代後半〜30代の若い先生たちが中心になって書き上げられました。当初はベテランの先生たちに書いていただこうかと思ったのですが，これからの教育を作っていく先生たちの自由な発想力と若い力に期待しました。私も含めて，執筆者の先生たちもあまりよく内容がわからないところからはじめましたので，勉強しながら書き上げていきました。ですから，理解が足りないところや，もしかしたら間違えて解釈していることがあるかもしれません。その際は，どうぞ私たちにご教授いただきますようお願いします。そうすることで，社会科の授業研究がすすむことになると思いますので，よろしくお願いします。

　しかし，若い先生たちが書いたことによっていいこともあります。それは，本書が若い読者のみなさんに近い視点で書いたといえるからです。経験豊かな先生たちが感覚的にできることでも，若い先生たちは戸惑ってしまうことがあるに違いなく，それは平成29年版学習指導要領が実施された時に，きっと起こりうることだと思うからです。「地理的見方・考え方なんか，今までもやっているし，何を今更いっているのだ」というのではなく，真摯に今回の改訂がどういう意味をもつのかを新鮮な目で見てほしいのです。

　もしかしたら，地理を教えることが苦手な先生たちにとっては，「地理ってこういう考え方が根底にあるんだな」，「地名を暗記させるだけじゃないんだな」，「地理って暗記だけだと思ってたけれども，因果関係やストーリーがあるんだな」と思っていただくことになるかもしれません。「見方・考え方」を意識することで，地理の授業がかわることにもつながっていくと思います。

　本書はページ数の関係で，板書案や一部資料などを載せられませんでした。しかし，「地理的見方・考え方」がしっかりしていれば，自分で資料を見つけ，授業を組み立てて下さると思っています。優れた実践に，本書が少しでも役立つことをお祈りしております。

近藤　裕幸

【執筆者一覧】（執筆順）

近藤　裕幸　愛知教育大学　教授

宇野　奈苗　愛知教育大学　大学院生

児玉　和優　名古屋市立宮中学校　教諭

鈴木　瞭　名古屋市立向陽高等学校　教諭

浜下　洋之　高浜市立高浜小学校　教諭

伊澤　直人　西尾市立一色中部小学校　教諭

小澤　裕行　犬山市立犬山北小学校　教諭

【編著者紹介】

近藤　裕幸（こんどう　ひろゆき）

1966年北海道枝幸郡浜頓別町生まれ。早稲田大学教育学部卒，早稲田大学教育学研究科修士課程修了。恵泉女学園中高等学校非常勤講師，芦別総合技術高等学校教諭，北海道浜頓別高等学校教諭，東京大学教育学部附属中等教育学校教諭など約17年の中学高校の教員生活をしつつ，東京大学（2000～2006年），早稲田大学で非常勤講師（2006年～現在）。2006年早稲田大学教育学研究科博士後期課程修了。博士（学術）。学位論文は「わが国旧制中学校の地理教育成立過程における地理学研究者の役割－地理科教科書の分析を通して－」。2010年愛知教育大学准教授，2014年より教授。社会科教育，地理教育を専門とする。著書に『まずやってみる実践重視の社会科教育法』（梓出版社）。趣味は「猫」。

「見方・考え方」を育てる中学地理授業モデル

| 2019年9月初版第1刷刊 | ©編著者 | 近　藤　裕　幸 |
| 2021年7月初版第3刷刊 | 発行者 | 藤　原　光　政 |

発行所　明治図書出版株式会社
http://www.meijitosho.co.jp
（企画）及川　誠（校正）杉浦佐和子
〒114-0023　東京都北区滝野川7-46-1
振替00160-5-151318　電話03(5907)6703
ご注文窓口　電話03(5907)6668

＊検印省略　　　組版所　長野印刷商工株式会社

本書の無断コピーは，著作権・出版権にふれます。ご注意ください。

Printed in Japan　　　　　　　　　　ISBN978-4-18-325017-9
もれなくクーポンがもらえる！読者アンケートはこちらから

小学校 新学習指導要領 社会の授業づくり

澤井 陽介 著

改訂のキーマンが、新CSの授業への落とし込み方を徹底解説!

資質・能力、主体的・対話的で深い学び、社会的な見方・考え方、問題解決的な学習…など、様々な新しいキーワードが提示された新学習指導要領。それらをどのように授業で具現化すればよいのかを徹底解説。校内研修、研究授業から先行実施まで、あらゆる場面で活用できる1冊!

四六判 208頁
本体1,900円+税
図書番号1126

中学校 新学習指導要領 社会の授業づくり

原田 智仁 著

改訂のキーマンが、新CSの授業への落とし込み方を徹底解説!

資質・能力、主体的・対話的で深い学び、見方・考え方、評価への取り組み…など、様々な新しいキーワードが提示された新学習指導要領。それらをどのように授業で具現化すればよいのかを徹底解説。校内研修、研究授業から先行実施まで、あらゆる場面で活用できる1冊!

A5判 144頁
本体1,800円+税
図書番号2866

社会科授業サポートBOOKS 小学校社会科 「新内容・新教材」指導アイデア 「重点単元」授業モデル

北 俊夫 編著

「重点単元」「新教材・新内容」の授業づくりを完全サポート!

平成29年版学習指導要領「社会」で示された「新内容・新教材」「重複単元」について、「主体的・対話的で深い学び」の視点からの教材研究&授業づくりを完全サポート。キーワードのQ&A解説と具体的な指導計画&授業モデルで、明日からの授業づくりに役立つ必携バイブルです。

A5判 168頁
各 本体2,000円+税
図書番号2148,2329

主体的・対話的で深い学びを実現する! 板書&展開例でよくわかる 社会科授業づくりの教科書 3・4年 5年 6年

朝倉 一民 著

1年間365日の社会科授業づくりを完全サポート!

1年間の社会科授業づくりを板書&展開例で完全サポート。①板書の実物写真②授業のねらいと評価③「かかわる・つながる・創り出す」アクティブ・ラーニング的学習展開④ICT活用のポイントで各単元における社会科授業の全体像をまとめた授業づくりの教科書です。

3・4年
B5判 136頁 本体2,200円+税 図書番号2285
5年
B5判 176頁 本体2,800円+税 図書番号2293
6年
B5判 184頁 本体2,800円+税 図書番号2296

明治図書 携帯・スマートフォンからは **明治図書ONLINE** へ 書籍の検索、注文ができます。▶▶▶

http://www.meijitosho.co.jp ＊併記4桁の図書番号（英数字）でHP、携帯での検索・注文が簡単に行えます。

〒114-0023 東京都北区滝野川7-46-1 ご注文窓口 TEL 03-5907-6668 FAX 050-3156-2790

「主体的・対話的で深い学び」を実現する 社会科授業づくり

北 俊夫 著

「深い学び」と知識を育む社会科授業づくりのポイント

改訂のキーワードの一である「主体的・対話的で深い学び」を，どのように社会科の授業で実現するか。①「見方・考え方」の位置付け方②系統性もふまえた「知識」の明確化③教科横断的な指導④評価のポイントの解説に加え，具体的な指導計画&授業モデルをまとめました。

A5判 168頁
本体 2,000円+税
図書番号 2536

Q&Aでよくわかる！ 見方・考え方を育てるパフォーマンス評価

西岡 加名恵・石井 英真 編著

本質的な問いから探究を生む「パフォーマンス評価」Q&A

「本質的な問い」に対応するパフォーマンス課題をカリキュラムに入れることで，教科の「見方・考え方」を効果的に育てることができる！目標の設定や課題アイデアから，各教科の授業シナリオまで。「見方・考え方」を育てる授業づくりのポイントをQ&Aで解説しました。

A5判 176頁
本体 2,000円+税
図書番号 2779

新科目「公共」の授業を成功に導くポイントを徹底解説！

高校社会 「公共」の授業を創る

橋本 康弘 編著

平成30年3月に告示された新科目「公共」の学習指導要領をもとに，求められる「持続可能な社会形成者としての市民育成」「18歳選挙権に伴う主権者教育の充実」，また「主体的・対話的で深い学び」をどのように実現するか。授業づくりのポイントを徹底解説しました。

2,000円+税／A5判／168頁／図書番号 2538

明治図書　携帯・スマートフォンからは **明治図書ONLINE** へ　書籍の検索、注文ができます。

http://www.meijitosho.co.jp　＊併記4桁の図書番号（英数字）でHP、携帯での検索・注文が簡単に行えます。

〒114-0023　東京都北区滝野川7-46-1　ご注文窓口　TEL 03-5907-6668　FAX 050-3156-2790

中学地理「基礎基本」定着 面白パズル&テスト

得点力不足解消！

南畑 好伸 著

子どもたちが大好きなパズル教材・ワークを面白い・楽しいだけで終わらせない「基礎基本定着」をポイントとして具体化。問題を解くと見えてくる「キーワード」でポイントがおさえられる！中学地理の各単元のまとめとしても使える、面白パズル&テストが満載の必携の1冊。

B5判 136頁
本体 2,200円+税
図書番号 2849

社会科授業サポートBOOKS 「わかる」社会科授業をどう創るか

思考の流れ&教材研究にこだわる！
個性のある授業デザイン

木村博一 編著

どうすれば社会科授業を面白く、わかりやすく出来るのか。教材研究と子どもの思考にこだわり、一人一人の成長にこだわる「わかる」社会科授業について、そのポイントから教材づくりの視点、深い学びを実現する授業デザイン、指導展開例までをわかりやすくまとめました。

A5判 184頁
本体 1,900円+税
図書番号 3104

見方・考え方が楽しく身につく！河原流オモシロ授業の最新ネタ

100万人が受けたい！見方・考え方を鍛える 中学社会 大人もハマる 授業ネタ

中学地理【A5判 152頁・本体価1800円+税 図書番号3712】
中学歴史【A5判 152頁・本体価1800円+税 図書番号3713】
中学公民【A5判 152頁・本体価1800円+税 図書番号3714】

100万人が受けたい！「社会科授業の達人」河原和之先生の最新授業ネタ。「江戸城に天守閣がないワケ」「なぜヨーロッパはパスタ・日本はうどん？」「からっ風って何？」「日本銀行は校長先生？」「スマホから見えるこんな世界」など、「見方・考え方」を鍛える斬新な切り口の教材を豊富に収録しました。子ども熱中間違いなしの魅力的な授業モデル集です。

明治図書 携帯・スマートフォンからは **明治図書ONLINEへ** 書籍の検索、注文ができます。▶▶▶

http://www.meijitosho.co.jp　＊併記4桁の図書番号（英数字）でHP、携帯での検索・注文が簡単に行えます。

〒114-0023 東京都北区滝野川7-46-1　ご注文窓口　TEL 03-5907-6668　FAX 050-3156-2790